イラストでわかる

はじめての
インクルーシブ

保育場面で考える50のアイデア

保育

［監修］
柴崎正行
（東京家政大学子ども学部教授）

太田俊己
（関東学院大学教育学部教授）

［編著］
高倉誠一
（明治学院大学社会学部准教授）

広瀬由紀
（植草学園大学発達教育学部准教授）

相磯友子
（植草学園短期大学福祉学科准教授）

合同出版

はじめてのインクルーシブ保育
──障害のある子もない子も育ち合う保育のために

　インクルーシブ保育とは、さまざまな子どもたちが園にいることを前提に、どの子もよりよく育つことを願う保育のことです。子どもには、障害のある子もない子もいます。また、発達や個性の違いも子どもにはあります。さらに家庭の生活状況や養育、国籍や言語、風習の違いなどを含めれば、園にいる子どもの状況や様相はさまざまだと言えます。

　インクルーシブ保育は、障害のある子やない子をいっしょに保育することだと考える人もいますが、本質的には、子どものこの「多様性」を前提にする保育です。そして今、いわゆる「気になる子」など配慮が必要な子どもも含め、さまざまな子どもたちを排除せず、インクルーシブ（一体的）に、保育をどうすすめるかが大きな課題になっています。

　本書は、そんな保育現場の声に応えるため、障害がある子もない子も、さまざまな子どもたち一人ひとりを受け止め、子どもも保護者も保育者も、みんながともに育ち合う保育を実践するためにつくられました。

　この本の多くの事例は、８つの幼稚園・保育所の、42名ものたくさんの保育者からあげられた実際例をもとにしています。事例を具体的な場面や状況別に構成し、インクルーシブ保育の視点から解

説を加えました。インクルーシブ保育の初心者も見やすく、わかり
やすいイラスト入りの実践紹介にしてあります。

　それぞれのケースからは、各園の熱気、経験の厚み、そして保育
者の温かな子どもたちへのまなざしが伝わるものと思います。

　登場した多くの子どもたちと保護者の皆様、豊かな心でひたむき
に努力される保育者の皆様に深く感謝いたします。編集上のアイデ
アと多大なご尽力をいただいた合同出版の坂上美樹様、上村ふき様
に心から謝意を表します。

2016 年　監修にあたって
柴崎正行・太田俊己

もくじ

第2章　行事の場面で

第3章　インクルーシブ保育の基礎知識──どの子も育ち合う保育を考えるために

第 1 章

日常の保育の場面で

1 登園時、表情の硬いサトシくん

　年少児のサトシくんは、硬い表情で登園することが多く、「おはよう」と声をかけても黙って保育者の顔を見つめます。保育者がサトシくんの体をくすぐったり、顔に触れたりすると少し笑うのですが、やめるとまた硬い表情に戻ってしまいます。「お部屋に行こうね」と手を引くとついてきますが、声をかけないと園庭にぼーっと立ちつくしていたり、その辺にかばんを置いて砂場で遊びはじめたりしています。

朝の時間の位置づけを変えてみると？

　実は、サトシくんのほかにも、お母さんと離れがたく、泣きわめく子や園庭に入るのを嫌がる子どもがいました。「登園したらまずお部屋に行って朝のしたくをする」ということが、本当に必要なのかという意見が保育者から出てきました。これまでの「園の常識」を見直し、朝の時間を「子ども一人ひとりの興味のあることや好きなことを保育者が探す時間」と位置づけました。登園してきた子どもが、保育者と1対1でのかかわりを深めて安心できることを最優先とし、安定した気持ちで好きな遊びに熱中したり、大好きな友だちと触れ合えたりできるようにと考えました。それにより、園にくることの楽しみが、お母さんたちとの別れの寂しさよりも大きくなるようにと考えました。

① 返事がなくても丁寧にかかわる

サトシくんが登園したとき、保育者はサトシくんから返事がなくても必ず「おはよう」とあいさつし、ハイタッチやくすぐることでスキンシップを図ることにしました。サトシくんが少しでも心をほぐしてから部屋に行ってほしいと思い、すぐに部屋へ誘導するのではなく、しばらく声をかけず見守りながらサトシくんの興味を探るようにしました。

サトシくんは砂場に行くことが多かったので、保育者もいっしょに園庭に出て、好きな電車のまねをして園庭を走ったりしました。同時に、「今日はご飯食べたらみんなで粘土しようね」など、園での1日の生活の見通しがもてるように、声かけもしました。このようなかかわりをもちながら、同じクラスの子が登園してきたタイミングや、砂場から離れた頃合いを見計らって、部屋へ誘うようにしました。

② クラスの子どもたちといっしょに考え、支え合う

登園したとき、サトシくんのように門の前で立ちつくす子や、泣きわめいて園に入ろうとしない子を見て、子どもたちから「どうしてお部屋に来ないの？」「何でまた泣いてるの？」という声が出てきました。「どうしてだろうね？」と質問を投げ返して、いっしょに考えるきっかけにしたり、「困っていたら助け てあげてね！」と声をかけたりして、ほかの子どもたちもかかわれるような配慮もしました。年中児・年長児には、「年少さんはわからないことがたくさんあるから教えてあげてね」とお願いして、サトシくんと同じ時間帯に登園してくる年長さんに部屋へ連れて行ってもらうこともありました。

（葛飾こどもの園幼稚園・松井洋子）

☆インクルーシブ保育の視点

保育者から見た子どもの「困った」姿を、保育を見直す好機と捉えましょう。今回の場合、「登園→朝のしたく」というルーティンそのものを見直した結果、サトシくんが園で興味関心を抱いているものを保育者がともに感じ、よりよいタイミングで朝のしたくへ結びつけることができました。ほかに見直すことができるポイントとして、園の習慣や前提、ものの配置や量などもあげられます。大人の「当たり前」を見直すことはむずかしい面もありますが、インクルーシブ保育の展開では大切な視点となります。（広瀬由紀）

2 登園時、お母さんと離れられないトシオくん

　朝の登園では、なかなかお母さんと離れることができないトシオくん。お母さんもなかなか仕事へ行くことができず、イライラしてしまいます。お母さんの姿が見えなくなると、裸足で園外に飛び出してしまったこともありました。またトシオくんは、日中の遊び時間に友だちが自分のお気に入りの遊具を使って遊んでいると大声を出したり、その友だちを叩いてしまったりすることがあります。嫌なことがあると、なかなか気持ちを切り替えることができません。

どう考える　**泣いたりパニックを起こしたりするにはさまざまな理由が**

　4月のある日、トシオくんは朝から落ち着きがなく、遊んでいてもなかなか集中できません。思うようにいかないと、怒り出して、その場から飛び出していました。夕方お迎えに来たお母さんに、トシオくんの園での様子を伝えると、昨夜から大便が出ていないので、お腹が苦しいのだろう、というお話でした。イライラしていた原因に便秘があったのかもしれません。別の日、朝登園したトシオくんは、パニックを起こして、大泣きしてしまいました。実は、前の日に自分がつくった積み木が片づけられて、部屋の様子が変わっていることにパニックを起こしたのでした。「トシオくんが泣いている」姿は同じかもしれませんが、「また泣いているトシオくん！」という受け止め方から、泣いている理由をその都度探る必要性に気づきました。

① 子どもの不安に寄り添いつつ、切り替えられるポイントを見つける

トシオくんのように、分離不安が強く、朝お母さんと離れられない子どもには、保育者が抱っこしたり、手をつなぐなどのスキンシップをしながらお母さんを見送っています。朝の受け入れで、トシオくんの不安な気持ちをしっかり受け止めることや、必要に応じて保育者といっしょに見送ることで、安心してスタートが切れることが重要と判断したからです。お母さんを見送った後は、好きな遊びに誘っていっしょに遊んだり、大好きな金魚やカブトムシ、園庭のアリなどの世話をして、気分転換を図りました。トシオくんの気持ちが切り替わる「生きもの」というアイテムや、「世話をする」というポイントを見つけたことで、保育者の対応の幅が広がり、トシオくんのパニックを小さくすることができました。

② 園内の居場所をつくる　今日の「楽しい」を明日の「楽しみ」に

自分がつくった積み木はそのままにしておきたい、というトシオくんからの強い要望がありました。そこでトシオくんも含めてみんなの名前カードをつくり、作品をその上に乗せました。すると、だれがつくったものかがひと目でわかり、友だちのつくったものも大切に扱おうとする気持ちが生まれ、ものの取り合いや壊されたという衝突も減りました。また、朝、登園したときに、前の日につくったものがそのまま残っていることで、園に自分の場所があるという安心感を生み出したようでした。また、1日の予定や活動の内容を絵にしてホワイトボードに貼り出し、前の説明をくり返しおこなうことで、トシオくんは戸惑うことが減り、気持ちにも余裕が出てきただけでなく、活動の流れを予測して、一人ひとりが自覚的に行動するようになり、みんなが落ち着いてきました。

（千葉市宮野木保育所・濱野佑子
千葉市役所・喜多見清美）

だれがつくった作品かひと目でわかるように

★ インクルーシブ保育の視点

同じ「泣く」という現象でも、生理的な不快によるもの、情緒の不安定さに起因するものなど、その理由はさまざまです。朝、登園した子どもを受け取る際、子どもの様子や表情を読み取ることが重要なポイントです。もし、子どもの不安感を感じたときは、視診のときに保護者に思い当たることがないか、確認してみましょう。

保育者が子どもの状況をしっかり受け止め、泣きやまない場合は気持ちの切り替えポイントを探し、働きかけてみましょう。子どもにとって家庭と園が連続した生活の場であることが望ましく、朝、登園することが楽しみな環境づくりが大切です。（広瀬由紀）

3 登園後、部屋以外の場所で過ごすケンタくん

　ケンタくんは入園当初、登園しても部屋には入らず、保育者が声をかけてもかばんを置きっぱなしにして、ふらふらと遊びに行ってしまいました。ケンタくんがどんなことをしているのか後をつけて行くと、ザリガニやカメ、メダカなどの生きものに興味があるらしく、ほかのクラスの水槽を見て回っていました。また、朝、登園中に見つけただんご虫を手に握ってくることもありました。

子どもは園での生活に "安心" できている？

　自分のクラス？　クラスの先生？　友だち？　新しい園生活では、わからないことばかりで戸惑うのは当然です。まずは保育者やクラスの友だちと楽しい経験をしてほしい、保育者もケンタくんと仲よくなりたいという思いがありました。虫かごを用意して、ケンタくんの好きなだんご虫をいっしょに探しました。ケンタくんは「だんごろ、いた」「ここ」とつぎつぎに見つけて、捕まえます。それからは、登園すると真っ先に虫かごを覗いて、「お家入れてあげる」とケンタくんからやりたいことを話すようになりました。保育者とも少しずつ仲よくなって、登園すると、真っ先に自分の部屋に行くようになりました。

① ケンタくんとの信頼関係を深める

　クラスの担任が話し合い、ケンタくんには同じ保育者がいっしょに過ごすことにしました。ケンタくんのペースに合わせて、保育者がいっしょに身じたくをすることをくり返し、できたときにはいっしょに喜んだりほめたりすることで、少しずつ自分でやってみる姿も見られるようになりました。

　登園して、朝のしたくがひと通り済んだ後、いっしょに生きものにエサをあげたり、好きな手遊びを楽しむことで、信頼関係を築いていきました。

② クラスの友だちとの間をつなぐ

　毎日、保育者が「今日はここに貼るよ」と、おたより帳の出席シールを貼るところに鉛筆で○を書くと、ケンタくんは自分からシールを貼るようになりました。

　保育者がケンタくんにかかわっていると、子どもたちがおたより帳をもってきて、「わたしにも○して」などと言ってきます。ケンタくんとの１対１の関係からケンタくんを中心に楽しめる場になっていきました。

　また、年長児が「今日　シール　ここだよ」「水筒入れ　ここだよ」と教えてくれることもあります。ケンタくんと保育者との関係が深まることで、クラスの友だちとの交流がだんだんと増え、クラスの集まり、活動にも参加するような変化が現れました。

（葛飾こどもの園幼稚園・飯野由佳）

☆ インクルーシブ保育の視点

　部屋に入れないといけない、登園したらまずしたくをさせないと、という保育者の思いが強いと、子どもが困っていることがなかなか見えてきません。子どもの姿を契機に、今一度「園生活に安心できているだろうか」「（どこ？　だれ？　何？）を拠り所にしているのだろうか」「夢中になって遊び込むものがあるだろうか」などの視点から、子どもを見つめ直し、理解していきたいものです。

　保育者が、「～させないといけない」と思っていることを見直すことで、これまでにはない子どもの姿が引き出されることがしばしばあります。（広瀬由紀）

4 好きなものへの思いが強い マサオくん

　マサオくんは、こだわりが強く、自分の思い通りにならないとパニックを起こします。年中児になって、友だちの行動に関心をもつようになり、友だちがやっていることをまねすることが増えた一方、友だちが持っているものがほしくなって取り合いになることがしばしばです。

　早朝保育の際、登園するとすぐにお気に入りの遊具のところに行くのですが、ほかの友だちがすでに使っているとパニックを起こし、叩いたり、押したりすることがあります。

どうして なのかな　"いつもと違う"状況を子ども側から見てみると？

　保育時間の大半は、担任保育者との関係を軸に展開しています。しかし、保育者が休みのときや時間帯によっては、担任以外の保育者がマサオくんを含めた子どもたちを受け持つこともあります。マサオくんは、そうした人や空間の違いを敏感に感じ取っているように見受けられました。

① 細かい情報交換をおこなう

担任保育者はふだんのかかわりのなかで、マサオくんがどんな遊びが好きか、友だちとの間でうまくいかないときに、どのように仲立ちしたらよいかわかっていますが、担任以外が受け持っているときは、小さなトラブルが大事（おおごと）になってしまうことがあります。

担任とほかの保育者のその子に関する情報交換がとても重要です。職員会議や打ち合わせなどの公式な場だけでなく、休憩時間などのインフォーマルな機会に、子どもの好きな遊びや行動、今その子の育ちにとって大切だと感じていることなどを伝え合うことで、共通理解を図っていきました。

② 保育者が子どもの気持ちを代弁する

マサオくんは、友だちのやることに興味をもちはじめていますが、遊んでいるおもちゃなどを指して、「貸して」などのやりとりが、まだうまくできません。マサオくんが言葉でうまく伝えられないときには、保育者が「○○が使いたいんだよね」と気持ちを代弁した

り、「○○ちゃんが使っているから、貸してって言うんだよ」と伝えます。

保育者がコミュニケーションの仲立ちになることで、少しずつ友だちとのかかわり方もスムーズになってきました。

（千葉市役所・喜多見清美）

⭐ インクルーシブ保育の視点

子どもを同じ方向から支えるために、保育者間の連携が不可欠です。保育者の経験の多少や立場の相違にかかわらず、子どもに関する情報を出し合って共有すること、それを受け止めて、お互いの保育の仕方を変えていく柔軟な姿勢が大切です。保育者間の連携の機会は、公式の打ち合わせや会議に限定することはありません。インフォーマルな立ち話や、連絡メモ、引き継ぎノート、付箋の活用など、双方に負担がない方法で、臨機応変に継続的におこなうことがポイントです。また、担任保育者の性格もさまざまです。大勢の場で自分から発信できる保育者、少人数なら発信できる保育者、発信を苦手とする保育者など……担当保育者それぞれの個性に応じて子どもの情報を引き出しやすい状況を園や同僚がつくっていくことも大切です。（広瀬由紀）

5 1人で遊ぶメグミちゃん

　メグミちゃんは、3年保育児として入園しました。入園当初から視線が合わない、表情がない、言葉が出ないなど、発達の気になる女の子でした。発語は「だめ」「いや」などの数語でした。不快なこと、怒りなどは泣き叫んで訴えていました。「集まり」などで集団のなかに入ることがむずかしく、園の好きな場所で好きな遊びを見つけ、1人で過ごしています。はじめてのことも苦手です。

好きな遊びは何かな？

　園の生活に慣れてくると、自分のやりたいこと、行きたい場所を保育者の手を引いて伝えるようになりました。保育者がメグミちゃんをひざに乗せてブランコに乗せると、笑い声をあげて喜びます。音楽やダンスが好きで、子どもたちが歌ったり踊ったりするのをそばで見ている姿が見られます。好きな遊びを通じて、人とかかわる楽しさや心地よさを感じることができたら、それを仲間のなかで感じることができたらと願いました。クラスの子が仲間になってくれる手助けが必要です。

① 1人遊びを「クラスの遊び」に結びつける

メグミちゃんは、揺れる遊び、回る遊びが好きです。フラフープや玉乗り、平均台などで遊ぶ「サーカスの遊び」のなかに「空中ブランコ」という、保育者が子どもを抱きかえてクルクル回る遊びがあります。メグミちゃんの好きな曲を流して、雰囲気を盛りあげました。とてもうれしそうに「空中ブランコ」をくり返し楽しんでいました。子どもたちからも「メグミちゃんの技だね」と声をかけられるようになりました。ほかのクラスの子どもたちが遊びに来た日も、いつもと違う環境にもかかわらず、自分の曲が流れると、自ら真ん中に進み出て、「空中ブランコ」を楽しんでいました。

「空中ブランコ」をくり返すうちに、ほかの子どもたちがチャレンジしていた「玉乗り」にも、保育者の手を借りて挑戦するようになりました。

② 「集団」から「仲間」に変わる時期

年中クラスになると、子どもたちは互いにイメージを共有したり、共通のルールのなかで仲間といっしょに遊ぶことを楽しいと感じるようになっていきます。またクラス全体を「仲間」と感じはじめます。これまでのメグミちゃんは、コミュニケーションを成立させる言葉がないため、1人遊びで満足してしまいました。年中になったメグミちゃんは、仲間がしていることが気になったり、だれかといっしょに好きなことをすることを楽しむ様子が見られるようになりました。子どもたちも、メグミちゃんの存在を意識する場面が増え、お互いを仲間だと感じるようになりました。同時に、保育者自身もクラスの一員としてメグミちゃんにかかわり、うれしい気持ちや楽しい気持ちに共感しながら、メグミちゃん自身では伝えられない気持ち、好きなこと、楽しかったことを、子どもたちに伝えていきました。

（千葉市愛隣幼稚園・矢内球一）

☆インクルーシブ保育の視点

発語が少ない子の遊びを、クラスの遊びのなかに位置づけることで、遊びを通してお互いに興味をもち、コミュニケーションを深めるきっかけになります。年少クラスから年中クラスへ、子どもたちの関係が「集団」から「仲間」へと質的に変化していきます。この時期の子どもたちの様子を敏感にキャッチして、保育者が子どもたちに「仲間になるなり方」のモデルを示すことがポイントです。子どもたちがこのモデルを模倣することで、クラスに「仲間」の輪を広げることができます。（相磯友子）

6 気持ちがうまく伝えられない 外国籍のユセフくん

　ユセフくんは、3歳の男の子で、年少クラスに在籍しています。日本で生まれましたが、両親とも外国籍です。保育者や子どもたちとは日本語で会話をしています。しかし、日本語の細かいニュアンスがわからないことが多く、「気持ちがうまく伝えられない」「相手の言っていることがよくわからない」と、いつもイライラしているようでした。友だちの刺激を過敏に受けてしまい、友だちが想定外のことをすると、急に怒り出したりすることがあります。

イライラの原因を探ると？

　ユセフくんは几帳面できれい好きなのに、道具の使い方が雑で、作品をつくってもいい加減になり、そのことでイライラする悪循環に陥っていました。牛乳パックで電車をつくりたいのに、イメージした通りにつくることができないと急に怒り出したり、あきらめて泣き出したりする様子が見られました。これは、セロハンテープやはさみをうまく使うことができないことに原因があるのではないか、と考えました。ユセフくんが道具を使うことに自信がもてるように、まずは、ユセフくんが集中して過ごせる環境づくりからはじめました。担任と1対1で会話をしながら、リラックスして作業ができる時間を意識的に設けました。

① しずかな環境で、子どもの表情や言葉を確認する

ユセフくんが道具の使い方があまり上手でないのは、周囲が気になって集中できないからでした。そこで、作業をしているときに周りが気になり出したら、集中できるしずかな場所に移動するようにしました。道具の使い方もゆっくり、丁寧に教え、ユセフくんが「自分でできた！」という意識をもてるようにしました。ユセフくんの「こうしてみたい」という希望を受け入れ、表情や言葉で気持ちを確認しながら、つぎの作業に取りかかるようにしました。

② ユセフくんとどうしたらよかったのかを考える

ユセフくんは日本語の細かなニュアンスがわからないため、自分なりの解釈をして、それが通じないとカッとなって友だちに手を出してしまいます。そこで、出来事の全体像をユセフくんに伝えて、どうしたらよかったかをいっしょに考えるようにしました。ユセフくんが手を出してしまった思いを子どもたちに伝えて、ユセフくんが一方的に悪者にならないように心がけました。保育者がユセフくんの気持ちを代弁するうちに、日本語の細かなニュアンスがわからないまま、コミュニケーションをとらなくてはならないユセフくんは、自分なりの解釈で行動せざるを得ない状況に置かれていることもわかってきました。保育者のほうもユセフくんの行動を自己流に解釈していたのではないかと反省させられました。

このことがわかると、保育者のユセフくんに対する見方と対応が変化していきました。

（千葉市愛隣幼稚園・鈴木仁美）

★ インクルーシブ保育の視点

外国にルーツのある子どもの場合、日本語で会話ができても、日本語の細かなニュアンスを理解しにくかったり、場面ごとのふるまい方や友だちとのかかわり方がわからなかったりすることがあります。そのような場合、保育者がその子とクラスの子どもたちの仲立ち役を引き受けてほしいと思います。そのためには、その子の思いをクラスの友だちに代弁する前に、その子がその出来事をどう思ったのか、どうしたかったのかをゆっくりと聞いてください。自分の気持ちをわかろうとしてくれる保育者がいることがわかると、カッとなっても保育者の話を聞けるようになります。（相磯友子）

7 「自分もやってみたい！」を見つけたケンジくん

　ケンジくんは絵を描いたり、ものをつくったりすることが大好きな年中クラスの男の子です。知的障害があり、月に1回、療育センターに通っています。自分のやりたいことが思うようにいかないと泣き、失敗すると気持ちを立て直し、つぎのことに取りかかるまでに時間がかかります。年中クラスになると、言葉の数も増え、友だちとのかかわりが多く見られるようになってきましたが、年少クラスではできていたことをしなくなったり、登園しても部屋に入るまでに時間がかかったりするようになりました。

どう考える 「やってみたい！」を見逃さない

　ケンジくんが「こんなふうになったらいいな」という思いはたくさんあります。しかし、保育者の思いばかりが先行して、ケンジくんにとって「思うようにいかなかった」という空回りの経験はさせたくありません。クラスで「おばけなんてないさ」の歌を歌ったことで、ある子どもが家でおばけの絵本をつくってきました。それを見たケンジくんが「おばけの絵本をつくりたい」と言い出したのです。ケンジくんに、自由に絵を描いてもらい、できた絵に歌詞をつけ、歌の絵本をつくることにしました。

① 絵を描く楽しさをいっしょに楽しむ

　いろいろな色で円を描いた絵のなかに、ケンジくんなりの思いが描かれていました。ケンジくんがおばけとこんなことをしたいというイメージをじっくり聞きながら、いっしょに「おばけなんてないさ」のメロディーにのる歌詞を考えました。

　１枚の絵に歌詞を書きあげると、ケンジくんが２枚目の絵を描くという作業をくり返しました。歌の絵本づくりを通して、ケンジくんが仲間のなかへ入って行くきっかけになればと思いました。ケンジくんのペースに任せて、歌の絵本をつくっていきました。保育者も絵にこめられたケンジくんの思いを十分に受け止め、いっしょに絵を描く楽しさを味わいました。

② 表現する効果

　クラスの集まりでできあがった絵本を紹介しました。ケンジくんがやりたいと思った気持ちを伝え、絵を１人で描いたこと、絵に詰まっている思いを伝え、できた歌をみんなで歌いました。クラスの仲間といっしょに楽しむことで、これからもケンジくんの力になってほしいと話しました。自分の描いたものが本になったこと、それぞれの過程で友だちと表現することの楽しさを共有できたことは、ケンジくんに自信を与えました。

　それ以降、ケンジくんははりきって園で過ごすようになりました。友だちとのかかわりを楽しみ、おばけごっこをして遊んだり、絵を描いたお手紙のやりとりをするようになったり、今も絵本づくりにチャレンジしています。

（千葉市愛隣幼稚園・吉田麻友）

☆インクルーシブ保育の視点

　「自分も○○をやってみたい！」「こんなものをつくってみたい！」そういう気持ちが表現遊びの「タネ」です。障害のある子もない子も、どうやったらこの「タネ」を共有することができるか、がポイントです。

　そして、「自分も○○をやってみたい！」「こんなものをつくってみたい！」というその子の意欲を見逃さず、その子なりの表現を形にすることも大切です。自分の思いを伝えにくい子の気持ちをクラスの子が知ることができるからです。（相磯友子）

8 体に障害のあるハルカちゃん

　脳性まひの障害がある4歳児のハルカちゃんは、移動手段が「ずりばい」で、立つことはできません。あぐらの姿勢で座ることはできますが、長時間姿勢を保つことはむずかしいため、常に保育者が1対1で付き添っています。室内では自分の興味のあるところへ自ら移動し、のびのびと過ごすことができていますが、戸外遊びとなると、なかなかそうもいきません。ほかの友だちとぶつかってしまったり、遊具から転倒してしまったりと、どうしても危険が伴います。

 周りに合わせなければいけない？

　ハルカちゃんと同じ年齢の子どもたちとでは、遊びや生活面などで大きな差があります。そのため、無理に周りに合わせず、ハルカちゃんの成長に合わせて過ごせるようにすることを心がけました。戸外遊びでの目標は、ハルカちゃんが「安全な環境のなかで機嫌よく楽しく遊ぶこと」。園での生活では、信頼する保育者と1対1で遊び、安心して過ごす日や、集団で遊んでいるなかに入り、大笑いする友だちを見て楽しさを味わう日や、ときには、乳児クラスのなかでゆったりと過ごす日など、いろいろな日があってよいのではないかと考えました。そこに、いろいろな友だちとのかかわりがプラスされ、ハルカちゃんにもさまざまな刺激を受けて、成長してほしいと願いました。

① 保育者が仲立ちする

　ハルカちゃんは動きが少ない分、とくに夏や冬は体温の調節がむずかしいので、天候によって戸外で遊ぶ時間を長めにとったり、短めにしたりしました。保育者が支えながら歩いたり、つかまり立ちなど体を動かしたり、ゴザを敷いてハルカちゃんと寝転がったり、歌を歌ったりして遊んだりしました。

　すると、クラスの子どもたちが「何しているの？」「いっしょに遊ぼう」と寄ってきたりもしました。子どもたちは楽しいことが大好きなので、自然と集まってくるのです。保育者が思い切り楽しむことが、ハルカちゃんと友だちをつなぐ上でとても大切なことだと感じました。また、遊びのなかでハルカちゃんが役割をもつ（たとえば、長縄とびで10回跳べたらハルカちゃんとタッチをするなど）ことで、ハルカちゃんの存在が子どもたちのなかでクローズアップされます。

② 必要なときだけアドバイスをする

　はじめの頃、子どもたちは「ハルカちゃんは何で歩けないの？」「何でできないの？」と不思議がっていました。ハルカちゃんとどう遊んだらいいか戸惑っていた子も、次第にハルカちゃんが好きなこと、できること、できないことがわかり、子どもたちから「こんなことしようよ！」と提案が出され、遊びも発展するようになりました。

　保育者が、子どもたちのかかわりを見守り、子どもたちの気持ちを受け止め、必要なときにアドバイスをすれば、子どもたちは自ら成長していくのだと感じています。

（みつわ台保育園・髙橋沙知）

☆インクルーシブ保育の視点

　保育者が仲立ちとなり、子どもたちのかかわりをさりげなく広げていきます。そのポイントは、仲間とのかかわりを生む「さりげない状況づくり」です。たとえば、遊びのなかで、障害のある子の役割を設けることで、遊びに参加できますし、自然と仲間とかかわることができます。その積み重ねで、仲間とかかわる環境が生まれてきます。ときには、遊びの渦の中心に、その子の役割を大きく位置づけてもよいでしょう。状況に応じて、参加の度合いを深めていきます。

　一方、保育者自身がいっしょに遊びを楽しむことも重要です。保育者が本音で楽しむことによって、子どもたちが自然に集まってくるもう1つの補完的な「小さな渦」になります。
（高倉誠一）

9 順番やルールが理解しにくいユカリちゃん

　5歳児のユカリちゃんは、何に対しても興味関心をもち、運動遊びにも意欲的に参加していますが、集団での遊びになると、ルールや順番ということを理解することがむずかしい様子です。ドッヂボールで一生懸命ボールを追いかけても、友だちに取られてしまい、相手側にボールがあるときも取りにいこうとして、友だちから「違うよ！　ダメだよ！」と注意されます。次第に機嫌が悪くなり、思い通りにならないことが重なるとついには怒り出し、「ユカリもボール持ちたい〜！」と泣き出してしまうのです。

どう考える

まずは「できた」という喜びを大切にして

　やりたいという気持ちは人一倍強く、できなくても何度も挑戦しようとするユカリちゃんの姿を見て、まずは、ユカリちゃんの「参加したい」という気持ちを大切にしたいと思いました。しかし、ドッヂボールに限らず、参加してもなかなかうまく立ち回れません。とくに順番を待つことが苦手だったので、失敗しても待つことやがまんすることの大切さを学んでほしいと思いましたが、失敗を重ねているうちに、ユカリちゃんは次第にやる気をなくしてしまいます。そこで、保育者が手助けしても、成功経験を積み重ね、できたという喜びや達成感が得られるようにすれば、ユカリちゃんの自信につながっていくと考えました。

① 個別に言葉がけする

ユカリちゃんは、やる気が人一倍あったので、「楽しく」参加できるように、励ましの言葉がけをしました。たとえば、「ユカリちゃんの近くにボールが来たら、ヨーイドン!! て言うからね」と約束しておき、ボールが来たら、「ヨーイドン!!」と声をかけました。ユカリちゃんは、大喜びでボールを追いかけていきました。ボールが近くに来なかったときや、取れなかったときは「残念～!」と保育者が大きな声を出し、オーバーに倒れ込みました。すかさず「悔しいね～! つぎ　取るぞ～!」と励まし、うまく表現できないユカリちゃんの気持ちを言葉や態度で表しました。ユカリちゃんの気持ちを代弁することで、ユカリちゃんの気持ちもずいぶんと早く切り替えられるようになりました。さらに、気持ちを切り替

えられたり、がまんができたときには十分ほめ、自信がもてるようにしました。

② 同じように言葉がけをする

ユカリちゃんのほかにもルールがわかりにくい子や、運動が苦手でドッチボールに積極的に参加しにくい子どもたちにもユカリちゃんと同じようなかかわり方をしました。最初は「ボールが取れない＝悲しい＝嫌だ」という気持ちだった子どもたちも、「取れなかった＝つぎは絶対取るぞ!」と取れなかったこと

も、前向きに考えゲームを楽しむようになりました。子どもたちや保育者が積極的にゲームに参加していくと、ふだんから意欲的な子どもたちは「がんばれ～!」と声を出して応援したり、「あっちに行ったよ!」と教える姿も見られるようになりました。

（みつわ台保育園・髙橋沙知）

☆インクルーシブ保育の視点

順番を守らない子やルールを無視する子を「自分勝手な子」と受け止めて、まずは順番やルールを守らせようとすることがあります。その子の行動だけに注目しがちですが、その行動の背後にある、その子の気持ちを推し量ることが大切です。

順番を守ることができなかったり、ルールを無視する子どもの心情や状況が理解できなければ、根本的な解決にはなりません。まずは、その子の「参加したい」という気持ちを受け止め、参加の機会をつくり出すことが最優先される課題です。参加することでその子の思いが満たされ、上手に気持ちを切り替えることができるようになると、がまんすることやルールに目を向ける余裕が出てきます。また、不適切な行動があれば、単に注意するのではなく、適切な行動を具体的に伝えていくことが大切です。（高倉誠一）

10 車いすに乗りたくないヒカリちゃん

　5歳児のヒカリちゃんは、園外へ散歩に行くときも車いすを使っています。自由に移動することが好きで、活発なヒカリちゃんは、長い時間車いすに乗っていることが好きではなく、車いすに乗ると泣いてしまいます。園外に出ても、大きな声で泣いています。「車だね」「お花が咲いているよ」と楽しい気持ちになるような言葉をかけても、一時的に泣きやんでもまたすぐに泣いてしまい、散歩を楽しむことができません。公園に立ち寄り、車いすから降りると、泣きやみ機嫌よく遊んでいます。

どう考える

その日の機嫌次第ではいけない？

　友だちが園外散歩に行ってしまった後の園庭は、しずかで、いつもよりのびのびと遊ぶことができます。ヒカリちゃんが、ときには園に残り、保育者と1対1でゆったりと遊ぶ日があってもいいと思いました。園外散歩が予定されている日、ヒカリちゃんの様子を見て、「今日はお留守番にしようかな？」「今日はお散歩に行こうかな……」と話しかけて、機嫌のいい日には散歩に行くようにしました。機嫌のいい日は、最初は泣いていても途中で泣きやんだり、保育者の言葉がけに対し、笑顔を見せたりします。

① 泣いていても焦らずに接する

散歩に行く直前に、外の道路を指さして「もうすぐ散歩だよ。散歩に行くからね」と話しかけ、少しでも見通しと心構えができるようにしました。また、ヒカリちゃんには大好きな友だちがいたので、その子の近くにいて、いっしょに歩いてもらいました。そのことでヒカリちゃんは安心したようでした。

保育者が「泣きやませなきゃ！」と焦ってしまうと、その焦りがヒカリちゃんに伝わってしまいます。保育者自身が、「泣いたっていいもん！　お散歩は楽しいんだもん！」くらいの気持ちで、歌を歌ったり、車や犬、花など、散歩中に見つけたものをヒカリちゃんに教えながらいっしょに散歩を楽しみました。

② 思いがけない質問を大切にする

車いすに乗っているヒカリちゃんを見て、子どもたちからは「何でヒカリちゃんだけ車いすなの？」「ヒカリちゃんだけいいな～」などと言われることがありました。

しかし、それは子どもたちの素直な気持ちなので、その言葉を否定せず、「でもヒカリちゃん泣いているね。何でかなぁ？」と、子どもたちがヒカリちゃんのことを考えられるような言葉がけをしました。すると、子どもたちのほうから「いっしょに歩きたいから泣いているのかな？」「歩けるようになるといいね」などの声があがるようになりました。考える力や思いやりの気持ちを育てるためには、保育者が答えを示すのではなく、子どもたちが自分で考えられるようになることが大切だと実感しました。

（みつわ台保育園・髙橋沙知）

☆インクルーシブ保育の視点

子どもが泣きわめくと、保育者もつい焦りがちです。焦っている自分の気持ち・状態を少し冷静に見つめる「ひと呼吸」の時間をつくってください。泣きやませようとしても、なかなか思い通りにはならないものです。その子の好きなこと、好きな歌、楽しみにしていることなど、今、その子にとって、興味関心の高い事柄を話題にしてみてください。うまく気持ちを切り替えることができることもあります。障害がある子への対応では、周囲の子どもたちの反応、協力も大きな役割を果たします。その子の行動や様子に対して思いがけない質問が投げかけられることがあります。そのようなときこそ、子どもたちが自分自身で考えるよいチャンスです。すぐに答えを示すよりも、子どもたちに問い返してみましょう。そうすることで、子ども同士納得の答えを見つけることができるかもしれません。（高倉誠一）

11 思いを言葉にしにくいアスカちゃん

何をするのもゆっくりで、お母さんにせかされながら登園することが多いアスカちゃん。園庭で大勢の子どもたちが遊んでいるのに圧倒されるのか、登園してもかばんを下げたままフラフラしたり、テラスに座って園庭を眺めたりする様子がよく見られます。保育者と遊びはじめても、ほかの子が入ってくると、さっと抜けてしまい遊びが続きません。自分の思いを言葉や表情に表すことが少ないので、アスカちゃんが困っていることに友だちもあまり気づきません。

アスカちゃんの思いって？

まずは、お母さんからアスカちゃんの家での様子や興味、関心をうかがい、保育者がアスカちゃんのことをよく知ることからはじめました。

ゆったりと1日のはじまりを楽しい気持ちでスタートできるように、登園時間を早めました。朝のしたくをする前に、まだ子どもたちがまばらな園庭で、決まった保育者と数人の年少さんといっしょに、草花の水やりやニワトリの餌やり、虫探しなど、アスカちゃんの好きなことをくり返しました。アスカちゃんが自分のペースでゆったり過ごし、思いを表現しやすい環境をつくるためです。

① ペープサートでなら話しかけられる

お母さんからの情報で、今楽しんでいる絵本が象が主人公の『ぐるんぱのようちえん』（福音館書店）ということがわかりました。アスカちゃんは、人形を介してだと気持ちを表現しやすいそうです。そこでペープサートをつくり、しずかな場所でアスカちゃんに見せました。すると、ペープサートを一つひとつ手に取り、くつやビスケットをぐるんぱにもたせるなど、想像以上に興味を示しました。保育者が『ぐるんぱのようちえん』のストーリーを話しはじめると、アスカちゃんはぐるんぱのセリフをはっきり言葉にしました。言葉による直接的なやりとりがむずかしいアスカちゃんですが、ペープサートのごっこ遊びでは、自信をもって発語できるようでした。

② ごっこ遊びをみんなのものに

クラスの仲間にもアスカちゃんの姿を知ってほしいと思い、ごっこ遊びに女の子を誘ってみました。しかし、人数が増えるとアスカちゃんはぐるんぱを取られないように、しっかり握りしめて戸惑ってしまいました。そんなとき、ビスケットのペープサートがやぶれているのを見つけた子どもがいました。保育者がその「犯人探し」を提案すると、子どもたちがペープサートを揺らしながら「犯人はだれだ」と声を合わせて行進をはじめました。アスカちゃんもその行進の先頭に立って、す

れ違う保育者に「犯人はだれだ」と尋ねます。すれ違うたびに声も大きくなり、友だちのなかで遊ぶ楽しさを実感しているようでした。

アスカちゃんは、それから友だちの遊びに自分から、そっと寄り添う姿が見られるようになりました。直接的なやりとりがむずかしいアスカちゃんにとって、ごっこ遊びにペープサートなどを使うことで、自分を表現しやすくなり、友だちとの遊びに参加するきっかけになりました。

（葛飾こどもの園幼稚園・大竹貴子）

☆ インクルーシブ保育の視点

子どもの思いをよく知るために、好きな絵本・遊びなどといった家庭からの情報は貴重です。また、お人形やペープサートを介してだと、思いを表現しやすいことは、保育者の共感的なかかわりなくしては、気づかないものです。子どもたちが思いを表現しやすい環境とは、自分のペース（時間）、自分の空間（お気に入りのコーナーや庭など）、自分をよく見てくれる人（保育者）がそろっている環境です。（相磯友子）

12 顔に水がかかるのが苦手な サトルくん

　5歳児のサトルくんは、水遊びが大好きなのですが、水が顔にかかることが苦手です。みんなといっしょに大きなプールに入り、ダイナミックに遊ぶことができません。プールに入っても、顔に水がかかると、パニックを起こし、大きな声で叫んだり、頭を壁に打ちつけたりすることがあります。ふだんから友だちといっしょに遊ぶより、自分の好きな遊びをじっくり遊び込むタイプで、プール遊びでも端のほうで自分の好きなおもちゃを使って、機嫌よく過ごしています。

 水遊び自体を楽しむためには？

　サトルくんが好きな水遊びを楽しむためには、ほかの友だちとぶつかってしまったり、水がかかったりしないような環境が必要だと考えました。プールに入る人数が少ないときは、プールのなかに入って遊ぶこともありましたが、人数が多いと、水がかかってしまいパニックになってしまうことも少なくないからです。
　そこで、サトルくんがプールに入らなくても、水遊びを楽しめるようにプールの横にたらいを用意し、専用のスペースを設けました。

① 今日は、どっち？

プールに入る前に「今日はプールとたらいとどっちがいい？」と聞き、サトルくんの意思を確認するようにしました。「お友だちが少ないからプールに入ってみる？」と聞くと「入る！」と言うことも、「入らない、たらいがいい」と言う日もありました。その日のサトルくんの気持ちに合わせて水遊びをしました。

サトルくんは、じょうろで水をかけるとくるくる回るおもちゃがお気に入りで、夢中になって遊んでいました。友だちと遊ぶスペースを分けたことによって、サトルくんは安心して遊ぶことができるようになりました。

② 水遊びの空間をグラデーションにする

サトルくん以外にも水が苦手な子がいるので、自由に遊ぶ時間は、落ち着いて遊べるコーナーと、もぐったり、泳いだり、思い切り遊べるコーナーにプールを半分にわけました。

落ち着いて遊べるコーナーとサトルくんの「たらい」を隣り合わせにすると、このコーナーで遊んでいた子どもが、「たらい」のところに行き、いっしょに遊んだりする姿が見られました。たらいとプールを別々にしたからといって、まったくかかわりがなくなったわけではなく、配置を考えることで、水が苦手な子も得意な子も、「思い切り遊ぶプールスペース」「落ち着いて遊ぶプールスペース」「たらい」をその日の気持ちに合わせて行き来しています。

（みつわ台保育園・髙橋沙知）

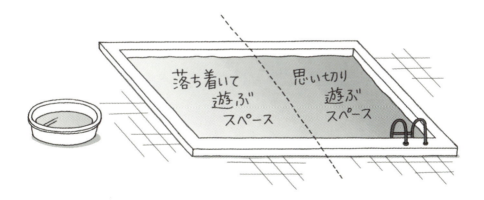

☆ インクルーシブ保育の視点

水遊びの空間をグラデーションに配置したことにより、顔に水がかかるのが苦手な子も水遊びが大好きな子もいっしょに水遊びができるようになりました。スペースを分けるだけでなく隣り合わせにすることにより、子ども同士の交流が生まれやすくなります。（相磯友子）

13 ほかの子の遊びを邪魔する シンゴくん

　シンゴくんは、自分の苦手なことや運動、仲間遊びはあまりしたがりません。いっしょに遊びたいと思っても「入れて」と言えず、わざと邪魔をしたり、嫌なことを言ったりすることがあります。年中クラスに進級してから年少さんのお世話をしたり、木片にカナヅチでクギを打ち込む遊び、箱づくりなどの工作遊びに関心が出てきましたが、相変わらず「入れて」と言えず、わざと邪魔をしたり嫌なことを言って、ちょっかいを出します。

どうしてなのかな 保育記録と話し合いでトラブルの原因を探る

　シンゴくんがどんな遊びをしているのか、どんなときに友だちとのトラブルが起きているのかを把握するために、シンゴくんの行動を観察して保育記録につけ、それをもとに保育者同士で話し合いました。すると友だちと遊びたいという気持ちがあるのに、それをうまく表現できないために、否定的・攻撃的な振る舞いをしてしまうのではないかという意見が出されました。保育記録のなかからシンゴくんのよいところを見つけ、仲間遊びのなかに取り入れることによって、シンゴくんが友だちと遊べる環境をつくることになりました。

① 「やめて」と言える関係をつくる

　毎日のクラスの時間に2人組のわらべ歌遊び、鬼ごっこ、リズム活動などをおこない、シンゴくんが友だちとかかわることができる遊びの機会を設定しました。

　仲間遊びのなかにはじめから入ることで、最初のハードルを乗り越えることができたシンゴくんは、友だちに誘われると苦手なことにもチャレンジする様子が見られるようになりました。保育者もシンゴくんのちょっとしたことにも注目し、ほめるようにしました。シンゴくんも自分の本当の気持ちを保育者や友だちに出しはじめるようになり、これまで遊びの邪魔をされても何も言えなかったクラスの子も、「何するんだよ、やめてよ」と気持ちを表すようになりました。

② 「おばけやしき」をいっしょにつくろう

　クラスの男の子が布でつくったおばけやしきを、シンゴくんが思わず壊してしまいました。シンゴくんはクラスの子どもたちに叱られましたが、泣きながら「ぼくもつくりたい」と訴えました。保育者はその思いをかなえるため、部屋全体を使って、少し規模を広げておばけ屋敷をつくることにしました。男の子が「シンゴもやりたかったのか、いっしょにやろうぜ」と声をかけると、シンゴくんは「さっきはごめんね」と言いながらおばけやしきづくりに加わりました。2人の様子を見ていた年長さんも加わり、血の色を表現するのに赤の絵の具で塗ったり、段ボールをもってきて迷路をつくったり、布で隠れて驚かせたり、おばけの絵を描いたり、どんどんアイディアが広がっていきました。

　最後は、本物のおばけやしきのようにチケットをつくり、部屋を暗くして1人ずつ案内するなど、友だちとうれしそうに遊びました。

（葛飾こどもの園幼稚園・宮本真吾）

☆インクルーシブ保育の視点

　ほかの子の遊びを邪魔したり、嫌がられるようなことを言ってしまったりする子がいます。そんなときには、どういうときにそのような行動が見られるのか記録をとってみましょう。「どうしてそんなことをするの？」と子どもに聞いても、説明するのはむずかしいものです。「○○をしたかったのかな？」「こういうときには○○って、お口で言うといいよ」と、その子の気持ちを代弁し、どのようにお友だちとお話をしたらいいのか、そのやり方を伝えましょう。記録をつけることで、「またやったの！」という見方にならず、「どういうときにしてしまうのかな？」と冷静にその子を見つめ直すこともできます。（相磯友子）

14 興奮してしまうセイヤくん

セイヤくんははじめてのことや、日常と違う出来事や変化に対応することが苦手で、戸惑うことが多くありました。わからないことを保育者に聞くことができず、ふざけてごまかそうとしたり、その場を離れてやり過ごそうとしたりします。年長になってからは好きな友だちと遊ぶとうれしいあまり興奮状態になり、じゃれ合いの延長で叩く、押す、上にのっかるといったかかわり方が頻繁になってきました。相手の気持ちを汲み取ることが苦手で、友だちが嫌がっていることに気がつきません。

観察してわかったことは？

セイヤくんは、日々の遊びに満足しているのか、特定のことに自信がなかったり、不安があったりするのではないか、どんな友だちを好きになって、いっしょに遊びたがるのかなど、いろいろな側面から観察していくことにしました。すると、変化が苦手なセイヤくんは、Aくんといっしょにいることで安心することがわかってきました。セイヤくんはクラスのAくんがとにかく大好きで、Aくんが何をしていても、いっしょにそれをやりたがりました。

① 遊びを満足するまで楽しむ

　Ａくんが好んでやる遊びは、必ずしもセイヤくんがやりたい遊びではないようでした。セイヤくんはＡくんと行動することに満足しているようでしたが、必ずしも遊びを楽しんでいるようではありませんでした。

　そこで、セイヤくんが興味のありそうな遊びを用意し、少人数で満足のいくまで遊べる環境を設定しました。ボウリングや迷路づくりなどは、つくる作業も楽しく、できあがってからのゲームも楽しめます。少人数の遊びでは、比較的気軽に自分の気持ちを言葉で伝えられます。トラブルが起こったときは、保育者がセイヤくんの気持ちを受け止め、代弁することをくり返しました。

② 子どもはよく見ている

　けんかの場面やトラブルに保育者が介入すると、そのやりとりを子どもたちはよく見ています。どちらが叱られているか、保育者の表情などを見て敏感に感じ取ります。セイヤくんのように、たえず友だちとトラブルを起こしている子に対して、保育者がマイナス部分だけに注目して、叱っているのを見ると、「セイヤくんは乱暴な子」というイメージをもってしまいがちです。マイナスの行動だけに注目することをやめ、子どものよい部分を探し、クラスの子どもたちに知らせるようにしていきました。対応を変えたことによって、当のセイヤくんだけでなく、自分たちを見る保育者のまなざしが優しくなったことを感じ取った子どもたちは、以前より安心してお互いにかかわり合うようになっていきました。

（葛飾こどもの園幼稚園・片山みのり）

☆ インクルーシブ保育の視点

　友だちとけんかが続くと、どうして手が出てしまうのだろう、どうして友だちの気持ちを理解できないのだろうと考え込んでしまいます。そういうときには、マイナスの行動を直すという見方から、その子が日々の活動や遊びを楽しめているかという視点に切り替えると、ヒントが見つかることがあります。その子の好きな活動や遊びがあるか、存分に、夢中に遊べているか、友だちとの遊び方がわかっているか、見てみましょう。（相磯友子）

15 見通しが立たないことが苦手な リョウくん

　5歳児のリョウくんは見通しが立たないことが苦手です。新しい環境や人ごみにも抵抗があり、不安な気持ちになると何度も保育者に確認します。気持ちがコントロールできなくなると、床に寝転がって大声を出して泣きわめきます。自分の世界に入ってしまうと独り言を言ったり、奇声をあげたりすることもあり、「リョウくんどうしたの？」と驚く子もいます。

どうして なのかな　　**つぎに何をするのかわかりやすくするには？**

　かんしゃくやパニックの要因となることを少しでも取り除くために、活動場所を移動するときや急な活動の変更があったときは、全員に話す前に必ず、リョウくんに「今から○○に行くからね」「○○にかわったよ」と補助教諭が声をかけるようにしました。状況を飲み込むのに少し時間が必要なリョウくんですが、前もって耳に入れておくことで「何でそうなったの？」と戸惑うことが減りました。また、「好きな遊び」「トイレ」「朝の集まり」「お弁当」など1日の活動の絵カードをつくり、ホワイトボードに表示して、だれが見てもひと目でわかる予定表にしました。リョウくんのために用意したカードの掲示でしたが、ほかの子どもたちにとっても、先を見通して行動するための効果的なアイテムになりました。

① 列に並ぶときは、友だちの間に座る

クラスでの集まりの時間はグループごとに並んで座ります。人ごみが苦手なリョウくんに配慮して、座る場所は列の一番後ろにしていました。しかし、保育者から遠い場所にいることや、近くに好きな友だちが座っていたこともあり、話に集中できない様子でした。

そこで思い切ってリョウくんを列の真んなかに入れてみることにしました。友だちにはさまれていつもよりも窮屈で、落ち着かない様子でしたが、近くに座っている子どもたちが「リョウくんこっちだよ！」「リョウくん入れないからもっとさがって〜」と足がぶつからないようにフォローしてくれました。リョウくんも表情は硬いながらもその場に落ち着いて座っていようとする姿が見られるようになりました。

② 子どもの姿をポジティブに伝える

友だちのなかに座ることでリョウくんの姿が少しずつ変わってきました。保育者が話をすると目が合うことが増え、にこにこ話を聞いているのです。歌やあいさつで周りの子が大きな声を出すと耳をふさいでいることもありますが、「○○ちゃんは何て言ったの？」と聞いたり、隣の友だちの顔を覗き込んだり、友だちの様子や発言に興味をもつことも出てきました。そんなリョウくんの姿をみんなの前でも紹介するととてもうれしそうな様子でした。

ほかの子どもたちも「リョウくんすごいね」「がんばってるね」とリョウくんにかかわろうとする姿が以前に比べ増えました。まだまだ抵抗があることも多いですが、リョウくんが「みんなといっしょって楽しい」と思える第一歩になったように思います。

（植草学園大学附属弁天幼稚園・塚原あゆみ）

☆ インクルーシブ保育の視点

つぎに何をやるのかわからないと不安で仕方のない子がいます。見通しが立たないと不安に感じるのは大人もいっしょです。そのようなときには、つぎに何をするのか、今何をするときなのかを、話して説明するだけでなく、絵や写真など、周囲にヒントとなるものを置くとよいでしょう。そして、できるだけ周りの子どもを見渡せる位置に座れるようにします。周りの子の動きを見て、今何をしたらよいのか、つぎに何をするのか、まねすることができるからです。周りの子どもたちが、その子の「つぎに何をやるのかな？」のヒントになってくれます。（相磯友子）

16 集まりが苦手なショウタくん

　ショウタくんは年長クラスの男の子です。友だちが大好きで、とくに特定の女の子2人には自分から積極的にかかわり、やりすぎて嫌がられることもあるくらいです。気分にむらがあり、機嫌がよいときにはよいのですが、機嫌が悪いと、だれかれかまわず手を出してしまいます。自由時間には、のびのびと遊んでおもしろいものを見つけたり、いたずらをしたりしてはニコニコしていますが、クラスの集まりが苦手で、部屋の隅で小さくうずくまってしまいます。

 **どうして
なのかな**　　## みんなのなかが苦手な理由は？

　ショウタくんはみんなのなかでのはじめてのことが苦手です。ふだんは、大声で笑ったり、叫んだり、急に飛びついてきたりと、元気いっぱいなのですが、みんなのなかでの活動になると、自信がないのかおとなしくなってしまいます。朝の「お休みしらべ」（出欠の確認）のとき、名前を呼ばれて、返事まではいかなくても、手をあげたときには、みんなで、「すごい！　手があげられたね」と拍手をして喜び合いました。少しでも長く自分の場所に座り、参加できたときには、大げさなくらいにほめました。

① 「ワン」と返事した小さな変化

　ショウタくんが少しずつ自信がもてるようになってきた頃、朝の「お休みしらべ」でいつものように順番で名前を呼んでいくと、はじめて「ワン」と小さな声で返事をしたのです。「はい」ではなくても、大好きな犬のまねをして返事をしてくれたことが、とてもうれしく、クラスみんなで大きな拍手を贈りました。ショウタくんは照れた表情で、いつものようにおしりをふりふりと動かして、気持ちを落ち着かせていました。

　ショウタくんの犬の返事は、クラスで大受けでした。どの子もまねっこ遊びが大好きで、「今日は動物のお返事！」と広まっていきました。「ニャンニャン・ヒヒ〜ン・パオ〜ン」などいろいろな返事が返ってきて、楽しい「お休みしらべ」になりました。

② 自分をアピールする場をつくる

　必ずしも、名前を呼ばれたら手をあげて「はい」でなくてもよいのです。返事ができないから参加しない、しなくてもよいのではなく、どんな参加の仕方であってもそのことを認めることが大切だと思いました。日々の保育の積み重ねによってショウタくん自身も自信をもち、みんなの前で自分の存在をアピールすることができました。また、「ショウタくんといると楽しい！」という経験をみんなでできたことで、クラスの一員として自分からかかわったり、手を差し伸べたりする子が増えてきました。ときに、子どもは保育者よりもその子のよさを見抜く力があるのです。

（植草学園大学附属弁天幼稚園・小林亜紀子）

☆ インクルーシブ保育の視点

　しずかに座って、決まった返事をすることだけが集まりへの参加ではありません。ずっとしずかに座っていられなくても、返事が「はい」でなくても、その子なりに、集まりに心を向けているかを保育者が見極めることが大事です。保育者がいろいろな集まりの参加のあり方を認めることで、部分的に、また少しずつ参加できるようになる子どももいます。子どもの予想外の発言についても、集まりに心を向けた上での発言であれば、取りあげることで、子どもたちの関心を集めることもできます。自分の発言を保育者がポジティブに取りあげてくれること、子どもにとってこんなにうれしいことはありません。そのことが子どもの自信や集まりへの参加の意欲につながります。（相磯友子）

17 変更にパニックを起こすソラくん

ソラくんは体操をしたり、走り回ったりして、体を動かすことが大好きです。身じたくをがんばって終わらせると、にこにこ笑顔で外に飛び出していきます。年長クラスになると、日によって活動の順番が変わったり、遊びの時間が限られてしまったりします。こだわりの強いソラくんはそれが苦手で、いつもおこなっている体操をやらなかったり、後回しにしたりすると、泣いて保育者に訴えて思いを通そうとします。地べたに寝転がり大きく手足をバタバタさせて大騒ぎです。

どう考える

よい関係だと泣いたり怒っても大丈夫？

園生活3年目の年長クラスのソラくん。新しい環境にも慣れ、友だちとのかかわりが増えてきました。クラスの友だちはソラくんの特徴を捉え、上手にかかわることができるようになってきました。とくに、しっかり者の女の子たちはお世話が上手で、ソラくんも自ら遊びに入ったり、コミュニケーションをとったりしてよい関係を築いています。ソラくんが自分の思い通りにならず、泣いて怒っていても「大丈夫だよ、いっしょにやってみよう」などと上手になだめてくれます。

明るく、ひょうきん者のソラくんがおもしろいことをしたときには、クラスが笑顔に包まれることもあります。怒ったり、泣いたり、笑ったり、このような関係を築くには、保育者がソラくんの特徴をしっかり捉え、よいところを子どもたちに伝えることが大切だと気づきました。

① ソラくんの特徴

多動：いろいろなものに興味をもち、触れてみたくなります。飽きるとほかのクラスを覗きに行きおもしろそうなものを見つけては、いたずらをしていました。自分では先生のものだからダメ、ほかのクラスのものだから触ってはいけないなど口に出して約束をしても、どうにもやめられないのです。年少クラスのときからくり返し声かけしていくことで、少しずつ落ち着いて生活できるようになりました。年長クラスになると、自分から「だめよ、触らない」と言い、ぐっとがまんしている様子が見られました。

こだわりが強い：毎朝の体操が大好きです。毎日、自分の好きな曲をリクエストしてきます。ほかの子のリクエストがかかり、興味がない曲だとひと騒動です。子どもたちと相談して、2曲体操をおこなうことで納得したこともありました。

② こだわりが引き起こすパニック

ソラくんのもう1つのこだわりは、曲をかけるカセットデッキのスタートボタンを自分で押すことです。あるとき、給食を食べるのが遅くなったソラくんを待たずに体操をはじめてしまいました。給食を食べ終え足取りを弾ませながら遊戯室へやってきたソラくんは、「最初から〜、スタートする〜」と叫び出し、結局最後まで泣き続けました。どんなに声をかけても、「もっかい、もっかい」とくり返し、とうとう降園の時間になってしまいました。ソラくんがつぎの活動への見通しをもてるよう、給食のときに声をかけるべきでした。全園児の前でパニックになってしまったソラくんに申し訳ない気持ちでいっぱいでした。

（植草学園大学附属弁天幼稚園・小林亜紀子）

☆インクルーシブ保育の視点

集団生活のなかでは、こだわりの強い子どもとほかの子どもの要求をどう両立させるか、保育者にとって悩ましいときがあります。その都度、瞬間的に判断を迫られます。臨機応変に両者の要求に応えつつ、同時に両方の要求をおこなうことはむずかしいこともあることを説明することも大事です。ときには、こだわりの強い子どもをパニックにしてしまうこともあります。そのときに大事なのは、その後のフォローです。落ち着くのを待って、その子がどうしたかったのかをゆっくり聞きます。うまく言葉で説明できない子であっても、その子がどんな気持ちでそれをしたかったのかを考えながら言葉をかけていきます。自分のやりたかったことはできなかったけれど、自分がなぜ泣いていたのかわかってくれる保育者がいることは、本人にとって大きな安心につながります。（相磯友子）

18 こだわりが強いアユムくん

アユムくんは、日常生活のなかで黄色いものや数字の2に対してのこだわりが強くありました。車で登園する日、2番目の駐車場に停めることができなかったり、黄色の折り紙が準備されていなかったりするとパニックを起こしてしまいます。ふだんはいろいろなことに興味を示し、感じたことや考えたことを自分なりにイメージして表現することを楽しんでいますが、本人なりの見通しをもって行動しているために手順や様子が少しでも変わってしまうと、その場から逃げ出してしまうことがあります。

どうして なのかな どんなときにパニックを起こすのか考えると？

黄色や数字の2へのこだわり以外にもパニックになることがあり、一度挫けてしまうと保育者や友だちからの言葉がけやかかわりを拒絶し、気持ちを入れ替えるまでとても時間がかかります。パニック状態になってしまったときには、その場で思い当たることをあげて対応を考えました。すると、新しい活動に入る前日に欠席したとき、活動の途中から参加するとき、自分が友だちよりも出遅れてしまったとき、本人が思い浮かべていた手順や様子と現実が相違しているときにパニック状態になることがわかってきました。

① 保護者と相談する

はじめて経験する活動をするときは、保護者に出欠を確かめ、欠席のときは、アユムくんの登園の日にスタートするように配慮しました。また、急な予定変更がある場合は事前にアユムくんに知らせるようにしました。予定変更については、絵カードを使って説明するようにしました。言葉だけでなく視覚から情報を伝えることで、アユムくんだけでなくほかの子どもたちも見通しをもって行動できるようになりました。

アユムくんは困ったり、不安になったりすることが減ったことで、自分の思い通りにならなかったり友だちとの意見の食い違いが起きたりしても、がまんや折り合い、気持ちのコントロールができるようになっていきました。

② 情報を共有することがカギ

ふだんから、アユムくんの強いこだわりの特性については、クラス担任と補助に入った主任の間では情報共有ができていました。しかし、特定の活動に対する担任の思いやアユムくんについての長期的保育のねらいなどを共有していなかったため、補助教諭として入った主任はどこまでアユムくんに手を出してよいかわかりませんでした。担任の活動への思いを聞くとともに、アユムくんについての長期的な保育のねらいなどを担任と十分に話し合っていれば、アユムくんへのかかわりが変わったのでは、と反省しました。

（植草学園大学附属弁天幼稚園・石川明子）

☆ インクルーシブ保育の視点

子どもがパニックを起こしたとき、同じ対応をしたとしても、その子の置かれた状況や保育者によっては、同じ結果になるとは限りません。お互いが多様な感情をもつ人間ですから、画一的なマニュアルで対処することはできないのです。そのため、保育者の間で、パニックになったときにどう対応するかの共通理解だけでなく、その子への願いや、長期的な保育のねらいを共有することが重要です。パニックになってしまったときに、保育者はどこまで踏み込むか、どの時点までは見守っているのかなど、その場での判断がしやすくなるからです。この共通理解は、職員会議や学年ごとの会議、ケース会議の機会にその子の成長と合わせて確認するとよいでしょう。（相磯友子）

19 友だちに乱暴するソウマくん

　5歳のソウマくんは、大好きな友だちと遊びたい気持ちが強く、思いが通らないとパニック状態になります。友だちをぶったり、引っかいたり、大声で泣いたりしますが、30分ぐらいすると落ち着きます。平静に戻ると、相手の話を聞こうとしたり、自分の気持ちも話せるようになります。一度やると決めたら最後までやりとげ、楽しいことだとすごく集中するソウマくんです。

どうすればよいかな　　**大好きな友だちといっしょだと大丈夫？**

　好きな友だち集団のなかでは遊びが継続しますが、気に染まないグループのなかでは、楽しさを感じる前にその場から離れてしまうこともあります。ソウマくんが意欲的に遊びを継続できるように、仲のよい友だちがソウマくんのそばにいるタイミングを捉えて、「これをやってみたら？」と、ソウマくんにすすめてみました。鬼ごっこや製作遊びなどはソウマくんが好きな遊びですが、たとえ、その遊びを用意しても、「やってみよう！楽しそう！」と本人が意欲を出すためには、いっしょにやる友だちがいるという環境が必要のようでした。

① 友だちといっしょにコースをつくる

ソウマくん、仲のよいＡくん、数人の仲間がホールに「どんぐりゲームセンター」をつくりました。ソウマくんが「クギを打ちたい」と言うと、よいタイミングでＡくんが「コースをつくったら？」と声をかけました。ソウマくんはうれしかったとみえて、集中してクギで、ゲームのコースをつくりました。ソウマくんは、ほかからの刺激があると、それが気になって集中できません。そこで、時間を決め、一定の仲間と継続してコースづくりをするようにしました。「どんぐりゲームセンター」の仲間が集まり、少しずついっしょにコースをつくっていきます。日にちはかかりましたが、仲間から「ソウマくんのコースすごいね！クギを打つのが上手だね！」と言われ、これはソウマくんの自信につながりました。

どんぐりゲームセンターをつくるソウマくん

② みんなでゲームセンターを運営する

みんなでつくったコースをつなげ、「ジェットコースター」のような長くて何人もが遊べるコースをつくることにしました。このコースが完成すると、どの子も、自分がつくったコースが使われ、ゲームの充実感と自信がもてたようでした。仲間のコースと合体したことで、ソウマくんも友だちのつくったコースを意識し大切に扱うようになりました。

「どんぐりゲームセンター」には、年少、年中組も遊びにきました。ソウマくんは、お客さんにどんぐりを配り、友だちがやっているコースに案内しました。年長らしく、任された役割を立派に果たしました。長い時間集中して、たくさんのお客さんに対応できたのは、きっとソウマくんが、仲間とともに、その場にいることの居心地のよさを感じたためだと思います。

（千葉市愛隣幼稚園・宮越清香）

☆ インクルーシブ保育の視点

さまざまな子どもたちが友だち関係のなかで育ち合えるよう保育を進めることがインクルーシブ保育のよさであり、目標です。しかし、このソウマくんのように、友だち関係に配慮がいる子たちが少なくありません。仲のよい友だちが（一部でも）いる子どもは、その関係を大事に、いっしょにできる遊びや活動に取り組みます。次第に互いが役割を担えるようにします。すると、友だちといっしょの遊びや活動が広がり、互いを意識したやりとり、役割、相手への配慮なども生まれます。（太田俊己）

20 苦手意識の強いアラタくん

　毎年9月の半ばから、運動会の練習がはじまり、年長児は、クラス全員でリレーをします。アラタくんは、年少・年中で運動会に参加しているので、リレー競技は知ってはいるのですが、友だちのリレーの練習を見ても積極的に参加する様子がありませんでした。「リレーはしない」とアラタくんが言葉にすることもありました。興味のあること、そうでないことで、アラタくんの行動ははっきりと異なります。とくに自信のないときには、人に見られないように、隠れたりします。

どうすればよいかな ## 興味があることとセットにすれば？

　アラタくんは、自動車など物の仕組みにとても興味があります。絵を描くのが上手で、自分がイメージしたものを描いたり話をつくったりすることが大好きです。一方、体を動かすことや、みんなといっしょに何かをすることにはほとんど興味を示しません。そういうときは、なぜか両手の指を向かい合わせて、くねらせるようなしぐさをしています。
　運動会のリレーは、見たことはあるものの、やったことがないため、苦手意識があるように思えました。そこで、アラタくんの興味があることとリレーが重なれば、きっと楽しみながら参加できるのでは、と考えました。人から強制されるのではなく、自然にアラタくんの気持ちがリレーに向き、自発的に動き出して参加すれば、きっと自信につながると思ったのです。

① 「電池」をつけたら走れた

日なたで寝転んでいるアラタくんの姿をよく見かけました。背中がだいぶ温かくなっているので、「太陽光発電システム」になぞらえ、「そろそろエネルギーが溜まったね？」と言うと、興味をもって起きあがってきました。アラタくんと相談して背中に背負える模型の「電池」をつくることにしました。ラップの芯の「電池」を背負ったアラタくんは、電池エネルギーを確かめるように園庭を走り回りました。周りの子も受け入れ、「アラタくん速いね」と声をかけたり、「電池」を借りて走ったりなど、いっしょに遊びました。気づくと、自然にリレーチームができていきました。運動会当日、「電池つき」でなければ競走に出ない、と言うか心配でしたが、電池があると走りにくいと言い、電池なしで走れたアラタくんでした。

② 遊びを取り入れて参加できるよう

どの子も、はじめてのことに対しては、期待や不安が入り交じります。当たり前です。なれないこと、はじめてのことに怖じ気づいている子どもには、それがあって当然と、受け止めます。初体験の活動をおこなうときは、緊張することがない遊びの要素を取り入れて、参加できる方法を考えるようにしています。障害があってもなくても、一人ひとりに合った遊びや行動をアレンジして、自然に参加できるようなプロセスを大事にしています。アラタくんのほかにも、たとえば、ポンポンをもって応援をすることから、運動会にも参加できた子どももいました。また、ゴールテープの係をすることから、次第に、いろいろな種目へ参加していったケースもありました。

（千葉市愛隣幼稚園・鈴木仁美）

☆インクルーシブ保育の視点

初体験のことが苦手で、やらない子はよくいます。友だちとも波長は合いません。園での友だち関係も広がりません。アラタくんのように、好きな遊びを取り入れると、初体験のことも取り組みやすくなります。ほかの子どもたちも加われる遊びならば、子ども同士のやりとりや関係の育ちが生まれます。子どもたちの遊びやかかわりが活発になれば、子どもは互いのよさを発揮して、子ども自身が創意で生み出す取り組みが現れます。障害のある子どもの場合も、好きな遊びやよさの現れる活動をベースにすれば、子ども同士で発展できる遊びや活動を生み出せます。（太田俊己）

21 すぐ手が出てしまうアムロくん

　アムロくんは4歳児。友だちのことが大好きで、自分から積極的に友だちとかかわろうとしますが、自分の思いが表現できないせいか、すぐに手が出たり、興奮が収まらずものに当たったりします。楽しそうに遊んでいても、テンションがあがると、いきなり友だちのつくったものを壊すこともありました。保育者が割って入り、アムロくんを注意するようにしましたが、今度はそのことで、アムロくんはイライラします。なぜやめられないのか、アムロくん自身も困っています。

どうすればよいかな　　**思いを受け止め気持ちを伝えたら？**

　ある日、友だちと三輪車で遊んでいましたが、友だちがトイレに行っている間に別の子ども（A）が来て、友だちの三輪車で遊びはじめました。それを見つけたアムロくんは、急に怒りはじめ、猛ダッシュでその子を三輪車から降ろし、叩いてしまいました。クラス担任などの保育者が集まり、アムロくんの思いも汲み取った上で、友だちのためを思う気持ちはわかるが、自分が押されたり、叩かれたら、どう思うか、まずはアムロくんに相手の気持ちを考えてもらうことにしました。その上で、言葉で相手に伝えることの大切さと、「この三輪車は友だちが使っているから返して」のように、実際の言い方を教えていきました。その後は、トラブルが起こるごとに、アムロくんの思いを受け止めながら、友だちとよりよい関係をつくる方法や、気持ちの伝え方をいっしょに考えていきました。

① スキンシップで信頼関係を築く

　こうした対応のうち、ストレスを感じる様子も見られました。トラブルが増えると、注意も増えます。保育者との信頼関係も心配です。そこで、注意はなるべく控え、反対に、アムロくんのよい面を言葉に出してほめるようにしました。

　また、アムロくんが大好きで、「ちゃんと見ているよ」というメッセージを、表すようにしていきました。登園時に、ほかの子もアムロくんにも、「おはよう」と言ってハグをしてみました。ほかでも、意識してスキンシップに心がけました。アムロくんは自分から甘えるそぶりを見せたり、がんばったことをうれしそうに報告する姿も見られるようになりました。

② 友だちと育つために

　トラブルになった友だちへの対応も必要でした。その子たちの気持ちも十分に受け止め、アムロくんがなぜそんな行動をしてしまうのか、その理由についても伝えるようにしました。その子のことや友だちを嫌いで、押したり、叩いたりするのではないことや、アムロくんの思いを伝えました。一方、アムロくんとクラスの仲間が自然にかかわれて、楽しい遊びも取り入れました。ドロケイの鬼ごっこは、走るのが好きなアムロくんには、たくさんの友だちと交われる遊びでした。次第にアムロくんが友だちを遊びに誘ったり、逆に誘われたりする姿が増え、仲間と過ごす姿が増えていきました。まだ、衝動が抑え切れない場面もあるのですが、アムロくんをめぐるトラブルは少なくなってきました。

（千葉市愛隣幼稚園・矢内球一）

☆インクルーシブ保育の視点

　衝動性が高い子どもも気持ちが落ち着けば、乱暴な行為などを反省します。どの子も友だちとの密な関係を望んでいるものです。防火と消火があるように、乱暴な行為にも予防と事後対応があります。予防策の第一は、乱暴なことに及ばぬよう、ほかの子どもたちとよい関係でいっしょに活動を続けることです。乱暴なイメージも次第に薄れます。第二は、ストレスで爆発しないよう安心できる生活をつくることです。アムロくんの場合は、よいことをほめたり、スキンシップで安心感を高めました。第三は、ほかの子たちの理解とサポートです。気持ちを理解できる子たちが増えれば、乱暴な行為はぐっと減り、育ち合う関係へ変わります。（太田俊己）

22 園庭で過ごすことの多いトキオくん

　新入園児のトキオくんは4月当初友だちに関心を示さず、1日のほとんどを園庭で過ごしていました。とくに、園で飼育しているニワトリやカモが大好きで、登園すると部屋には入らず、ニワトリ小屋とカモ小屋を行ったり来たりしていました。集団のなかに入ることが苦手で、誕生会などの集会にもなかなか参加しようとしません。午前保育だったトキオくんの保育時間が午後まで延長になり、クラスの仲間とのお弁当がはじまりました。

どう考える　"はじめて"の体験をどのように考える？

　はじめてのお弁当体験です。わからないかも？　と考え、トキオくんに自分が座るテーブルの位置や、お弁当を食べるまでにどんな準備をすればいいのか、くり返し説明しました。

　お弁当を準備する時間は子どもたちが一斉に動いているので、トキオくんも混乱しそうです。同じグループの子どもたちに手伝ってもらいながら、いっしょに準備を進めたりしました。すると、トキオくんは自分の座る場所をすぐに覚え、数日後には自分で準備をはじめるようになりました。

① 「いただきます」の前に着席したくなる工夫

しかし、準備後に待ち切れなかったり、「いただきます」の前に席を離れたりすることがありました。クラス担任同士で話し合い、トキオくんが着席しなくてもあえて声をかけず、待ってみることにしました。しばらく経つと、周囲の状況と合わせてやることを理解したのか、保育者が見守る安心感なのか、時間はかかりながらもトキオくんが自分から席に着くようになりました。それから給食を食べる前に、トキオくんが好きなパネルシアターを保育者がクラス全体でやることにしました。パネルシアターのパーツをトキオくんやほかの子どもたちに渡して、保育者が見せるだけではなく、みんなが参加できるようにしました。

② お弁当の小さなグループを活かす

お弁当の後には「♪あなたのおなまえは」の手遊びを同じグループでおこないました。1人の子どもが「♪あーなたのおなまえは？」とトキオくんに聞くと、それに答えて名前を言います。そして、つぎはトキオくんが「♪あーなたのおなまえは？」と別の子どもに聞き返します。これをくり返していきます。トキオくんと友だちがお互いを知るきっかけにもなりますし、何よりトキオくんにグループのメンバーを意識してほしいという思いがあったからです。また、お母さんから「♪バスごっこ」が好きということを聞いていたので、同じ小グループのなかでやってみました。誘ってもトキオくんは前に出たがりませんでしたが、自分の席からニコニコしながら「♪バスごっこ」を見てやっていました。クラスの仲間にもトキオくんがどんなことが好きなのかを知るきっかけにもなりました。少しずつトキオくんから友だちの名前が出はじめるようになりました。

（葛飾こどもの園幼稚園・大石歩美）

☆ インクルーシブ保育の視点

お弁当の時間やお集まりなど、全員でおこなう活動は、ついその活動の行動目標を実現することを意識してしまいがちです。しかし、その活動に取り組む子どもたちの事情はさまざまです。全体で活動をおこなう際にも、個々の子どもたちの心情や意欲などに目を向けていきましょう。個々への視点をもつことによって、全員でおこなう活動であっても、たとえば「○○ちゃんのことをよく知る時間」「小グループで楽しむ時間」などの個々の要素を兼ね備えた取り組みにすることができます。保育者が活動の捉え方を変えることにより、子どもたちへの声かけやかかわりにも変化が生まれてきます。（広瀬由紀）

23 友だちのお皿に手を入れる ユウスケくん

　年中児のユウスケくんはいつもニコニコしていて穏やかな子です。音楽が好きで、友だちや保育者の歌に合わせて手遊びを楽しんだり、ピアノの音に合わせて体を動かして遊んだりします。お絵かきも大好きで、自分で道具ケースからクレヨンとノートを取り出してきます。しかし、自分の道具ケースとの区別ができず、友だちのものを使ってしまいます。食事では、テーブルの上に配膳してある給食のなかに手を入れたり、友だちの皿やスプーンを触って遊んだりしてしまいます。

どう すれば よいかな

「自分のもの」が「見て」わかるようにしたら？

　日常生活では、保育者といっしょに、着替えや手洗い、食事などをすることにしました。それだけではなく、衣類やタオル、くつ箱などには、自分の場所だとわかるようにユウスケくん専用のマーク（魚の絵）をつけました。くり返しマークで示すことによって、少しずつ自分の場所を覚えていきました。覚えた後は、声かけで自分の場所にきちんとものをしまうことができるようになりました。しかし、マークの場所が変わってしまうと、混乱してしまうので、ユウスケくんの持ち物の場所は変えないようにしました。食事では、自分の給食と友だちの給食の区別がつくように、専用の小さなトレーを用意しました。トレーのなかに主食、おかず、汁もの、お茶、スプーンを並べ、「これがユウスケくんの給食です」と知らせました。

① 食事がとりやすい環境を整える

1、2カ月が経つと、「手洗い→かばんからお弁当を出す→席に着く」という流れもスムーズになりました。お腹が空くと、おかずの配膳を待つ間にお弁当のご飯を食べようとすることもありましたが、保育者は食べないように伝えるのではなく、それまで待っている姿をほめるようにしました。同時に、待ち時間が短くなるよう職員間で連携して配膳しました。必ずテーブルに座って「いただきます」をしてから、いっしょに食べはじめました。体が小さく、筋力もあまりないユウスケくんは、長時間座り続けることがむずかしいため、「もうお腹がいっぱいかな」と感じたら早めに「ごちそうさま」にしました。不安定でブラブラする足もとには、足置き台を設置し、落ち着いて食事ができるようにしました。

牛乳パックなどで作った足のせ台

② いっしょに食べる楽しさを

大勢で食事する経験がなかったことから、1人の席で落ち着いて食べることも考えましたが、あえて1人の席にはせず、まずは友だちの食事の様子を見たり、会話をしたりしながら、みんなでいっしょに食事をする楽しさを味わえるようにしました。ユウスケくんが手づかみで食べようとする姿を見て、「スプーンで食べるんだよ！」と注意する子もいました。そのときは、「教えてくれてありがとう」とその子の気持ちを受け止めた上で、「今、スプーンで上手に食べられるようになる練習をしているんだよ」と声をかけていきました。ユウスケくんが苦手な食べものを口にしたときは、子どもたちが「ユウスケくんが○○を食べられたよ！」とうれしそうに教えてくれたり、自分もがんばって食べてみようとする子の姿も増えていきました。ユウスケくんに対する援助や声かけは、そのほかの子どもたちの支援にもなりました。

（千葉市宮野木保育所・高田敬子／三室和希子）

☆ インクルーシブ保育の視点

「食べやすい」「食が進む」環境は、決して一律ではなく、子どもそれぞれによって違います。座る場所やいっしょに座る友だちや保育者の位置、いすや机の高さ、配膳の環境など多面的に見直して、その子にとってよりよい環境を整えていくことが重要です。

環境を整えるために、保育者は、食事場面だけを切り取るのではなく、子ども一人ひとりがどのような状況下であれば遊びに集中できているのか、遊び込めていないときは何が原因となっているのか、友だちへの関心はどのくらいあるのか、などに注目して子ども理解を進めておくことが必要になります。（広瀬由紀）

24 環境や人にデリケートな アイトくん

　アイトくんは、イメージしたものをブロックや積み木で形にすることが得意で、車やロケットなどのエンジンなど、細かな部分まで上手に表現することができます。しかし新しい環境や人が苦手で、よく1人でいます。テーブルを叩く音や、話し声などに敏感で、部屋から出ていくことがあります。友だちとかかわることもないので、名前がわからず、友だちのことを「おにいさん」「おねえさん」と呼んでいました。席替えをし、同じテーブルの友だちが変わったことで自分の席で食事を取ることができなくなってしまいました。

どのような状況なら食事が取れる？

　自分の席で食事を取れなくなり、部屋の隅のテーブルに1人で座り、壁のほうを向いて食べるようになりましたが、今は部屋のなかで、食事を取れることで十分だと考え、無理に席に着くことを促しませんでした。保育者が近くで食事を取るといっしょがうれしいようで、次第に保育者と2人で食べるようになりました。アイトくんは、何でも一番になることが好きだったので、保育者が食事のしたくをいっしょにして、クラスで一番に食べはじめられるようにしました。次第に食事の準備を1人でテキパキと丁寧にこなすようになり、食事を心待ちにする姿も見られるようになってきました。

① その子のよいところをたくさん伝える

アイトくんがつくったブロックや積み木の作品は、飛行機のエンジンやタイヤなど、細かいところまで表現されていて、目を見張るものでした。そこで、ホームルームなどの場で、アイトくんの作品を紹介しました。ほめられることが大好きなアイトくんは、照れながらもうれしそうにしていました。

周りの友だちが少しずつ、アイトくんに興味をもちはじめ、「これは、どうやってつくっ

たの？」「アイトくん、遊ぼうよ！」など声をかけられることが増えてきました。そしてアイトくんも12月頃から、少しずつ友だちを名前で呼ぶようになりました。給食の時間も、「アイトくんといっしょに食べたい！」と友だちから声があがるようになり、1月頃から、部屋の隅のミニテーブルで友だちと食べるようになりました。

② 環境をその子に合わせる

友だちと食事が取れるようになってきたので、部屋の隅だったアイトくんのテーブルを、部屋のなかのほうへ移動しました。大きな音が苦手で、敏感に反応していたアイトくんでしたが、友だちとの会話ができるようになると、まったく気にせずに、食事を友だちと楽しくできるようになりました。

気の合う友だちと、いっしょにおかわりをもらいに行くことを楽しみに、食べ終わっても友だちが食べ終わるのを待つようになりました。アイトくんを無理に友だちのいる席のほうへ誘うのではなく、テーブルごと移動したことで、スムーズに受け入れられたように感じました。

（千葉市宮野木保育所・中島龍兵）

⭐ インクルーシブ保育の視点

どうしても友だちといっしょに食事が取れない状況になったとき、「（一時的に）それでもよい」と思えるか、「それはダメ」と思うかによって、保育者の対応が大きく分かれます。子どもが何を求めているのかを共感的に理解して、子どもの状況に応じて柔軟な対応を心がけることが大切です。また、食事の場面だけで、課題を達成しようとしても限界があります。遊びなどの場面で積極的にその子のよさを伝えたり、その子の遊びに他児を巻き込むなど、友だちとの橋渡し役をすることで、クラス全体が変化していきます。クラスの雰囲気が変わっていくことにより、課題とされていた場面でも受け入れやすさがまし、好循環を生み出すことができます。（広瀬由紀）

25 ふた口で食べ終わるキラリちゃん

　キラリちゃんは歩行が困難で、腰もすわっていません。でもお話が好きで、あいさつも上手です。ブランコが大好きで、友だちと順番に乗ることも覚え、合い言葉の「かして」「いいよ」も覚えました。ベランダでひなたぼっこをするのも大好きです。でも、給食を見ると「うわぁ〜おいしそう」とは言うものの、すぐにいすから降りて、大好きなタオルを取りに行ってしまいます。何とかふた口は食べるものの、それしか食べず、食事が終了になってしまいます。

食べたくないの？　食べにくい状況なの？

　いすに座っても、横に倒れそうになったり、前に体がすべって後ろへ反ってしまいます。お母さんに事情を話すと、週に2回通っているデイサービスでキラリちゃん専用のいすをつくってくれました。ずり落ちないように股の部分に筒状のクッションを着けたもので、食事のときにもキラリちゃんは安心して座るようになり、このいすに座ると食事がはじまると思うようになりました。

① 保育者も環境の一部

専用のいすに座ると、安定感もあり、食事中に座っていられる時間が長くなりました。保育者がスプーンにご飯を乗せると、自分で握って口に運ぶようになり、量も少しずつ増えました。まだ野菜などは苦手意識があり、保育者が介助しても口を開こうとしません。やりとりのなかで何とか食べてもらおうと保育者が必死になりすぎていることに気がつきました。その頃キラリちゃんと保育者との信頼関係もでき、キラリちゃんは保育者の動きをまねるようになっていました。そこで介助中心の食事ではなく、保育者もキラリちゃんといっしょに食べるようにしました。すると食事の量も増え、手伝ってもらいながらも、毎日ほぼ完食するほどになりました。

② 一人ひとりの居場所をつくる

キラリちゃんは、よく話しかけてくれたり、手伝ってくれる友だちが近くにいると心地よさを感じ、安心していられる様子です。一方かかわりをあまりもたない友だちが近くに来ると、嫌がり、ひっかいたりしてしまうことがあります。落ち着いて食事ができるように、毎回同じテーブルの同じ場所で食べるようにし、テーブルに座るメンバーも決めて、安心して食べる環境を整えました。これを機会にキラリちゃんのテーブルだけでなく、ほかの子も座る場所を指定しました。するとそれまで、給食の準備になるとふらふらと歩き回り、自分から座ることができなかった子たちも、自分からスムーズに座ることができるようになりました。居場所が確保され、みんなにとっても安心して行動できるようになりました。

（千葉市弁天保育所・小副川好香）

☆ インクルーシブ保育の視点

「食べないから食べさせる」「食べすぎだから食べさせない」という考え方では、子どもも保育者も苦しくなってしまいます。過食や偏食の背景にあるものを理解する必要があります。偏食の場合、その子が安心して食事を取れること、食べることに少しでも興味関心をもてるようにすることがポイントです。それには、人的環境である保育者の考え方や振る舞い方が大きく影響します。たとえば、保育者が子どもに「食べさせないといけない」と考え、指導的にかかわるならば、子どもはそれを感じ保育者からの働きかけを拒否するかもしれません。「ともに食べる」と考え、食事の楽しい雰囲気を大切にしながら無理なくすすめるようにしたならば、子どもも思わず口が開くこともあるでしょう。（広瀬由紀）

26 スプーンが上手持ちのカエデちゃん

　カエデちゃんは、運動面での障害があり、身の回りのことなど1人でするのはむずかしいこともありますが、保育者や友だちとのかかわりをとても喜び、自分から積極的に話しかけようとする姿がよく見られています。友だちのすることにも興味津々で、楽しそうに遊ぶ姿を見ると近づいていき、「カエデちゃんも」と言って同じ遊びをしようとします。食事は上手持ちですが1人でスプーンを握り、よく食べています。正しい持ち方を少しずつ試しては、と思いました。

食事で何を優先すればよい？

　カエデちゃんは食事に対しても意欲的で、1人でよく食べ、好き嫌いもあまりありません。食事の際には、「先生、おいしいね」と何度も話しかけてくれます。そんなときに、急にスプーンの持ち方を教えることで、せっかく楽しく食べているカエデちゃんが、給食の時間が嫌にならないように、まずは遊びのなかで少しずつ正しいスプーンの持ち方がわかるように援助していこうと考えました。また、友だちといっしょにいることが好きで友だちがしていることへの興味も強いので、同じ遊びをしている場でいっしょに楽しめるようにしていきました。

① 遊びのなかでスプーンの操作を取り入れる

　スプーン遊びでは、本物のスプーンやおわんを使い、小さく切ったスポンジやおもちゃを食べものに見立てて、すくったり、お皿に移したりして遊びます。午前中、スプーン遊びをした日の給食の時間、たまたまほかの子にスプーンの上手持ちを注意すると、隣にいたカエデちゃんもスプーンをサッと下手持ちに替えました。すかさずほめるとうれしそうな様子を見せました。以来、言葉をかけると

少しずつ下手持ちで食べられるようになり、保育者が友だちをほめると、自分もほめてもらいたく、意識して下手持ちに切り替えました。自分でやりたいのにできないことがあると、いらだったり泣いたりしてしまうことも多いので、「うまくできない」とつらい思いをしないよう、否定的な声かけはしない、ほめながら知らせる、この2点を意識して言葉をかけていきました。

② 周りの子にも区別なく接する

　正しいスプーンやはしの持ち方が必要なのは、周りの子どもも同じです。区別なく言葉をかけ、正しい持ち方を教えると、「先生、こう?」と確認してくる子どもがいて、友だち同士でよい刺激を与え合っていると感じまし

た。まだ、スプーンを上手持ちで握って食事をすることが多いカエデちゃんですが、「まだできないの?」などと言う子はいません。「カエデちゃん、練習中なんだよね」と優しい気持ちで見守り応援してくれています。

（千葉市弁天保育所・尾堂真実）

★ インクルーシブ保育の視点

　はしや食器の使い方は、気になるところではありますが、食事の主たる目的ではありません。まずはクラス全体で食べる意欲を高める雰囲気づくりを心がけます。また、「その子だけのため」の指導にならないように、ほかの子どもも楽しく意欲的に食べられるよう、全体への声かけやその子には目立たないさりげない援助が必要です。気になる食事マナーについては、遊びや友だちとのかかわりのなかから「やってみたい」「チャレンジしてみよう」という気持ちが芽生えるよう丁寧なアプローチも大切です。（広瀬由紀）

27 周りをよく見て行動する慎重なユウコちゃん

　ユウコちゃんは、友だちが遊んでいる様子や、保育者が掃除をしている姿をよく見ています。そして、後から自分でも同じようにやってみようとすることがあります。しかし、興味はあってもやってみるまでに時間がかかったり、1人では不安で、保育者の手を引き、いっしょにやることを要求することもあります。また、自分のなかでやらないと決めていて、保育者が手助けするまで待っていることもあります。ある日、給食の後にユウコちゃんが給食の残菜を片づけるためのヘラやボウルに触ったりしているのに気がつきました。

 どうしてなのかな **その行動は "イタズラ"？　それとも "興味関心の表れ"？**

　クラスの友だちがヘラとボウルで後片づけをしているのを見て、興味をもったようでした。そこで、ユウコちゃんが少しずつでも、自分の食器の後片づけができないか、かかわり方を考えてみようと思いました。
　しかし、ユウコちゃんは、園でも衣服の着脱なども自分ではしようとせず、保育者の援助が必要な部分も多かったので、いきなり給食の後片づけはせず、毎日のほんの少しの積み重ねを大切にしていこうと考えました。

① 少しずつの積み重ねを大切に

はじめての経験は、どんな子でも躊躇(ちゅうちょ)してしまうこともあります。まずは、保育者といっしょに後片づけをすることで、安心してやってみようと思えるような環境を整えることに心がけました。はじめは食器を運ぶだけ、つぎはヘラで食べ残しをきれいにすることを少しだけやってみる……、というように、少しずつステップアップしていけるように考えて援助していきました。後片づけが習慣づくまで、くり返した結果、ユウコちゃんは約1年後には、両手を合わせ「ごちそうさまでした」らしき言葉を自分で言うと、食器の片づけに取りかかり、すべてを1人でするようになりました。

② 見て学べる環境に置く

ユウコちゃんは、遊びのなかでも友だちの姿を見て自分もやってみようとする力があるので、見て学ぶ環境が必要と考えました。たとえば、給食室へ返却するものがあるときは、クラスの子どもに「ユウコちゃんもいっしょにね」と声をかけ、友だちといっしょに経験できるようにしていきました。

周りの子どもたちも、ユウコちゃんが自分でやってみたいときには、多少時間がかかっても何も言わずに待っていてくれるなど、その存在を自然に受け入れていました。ユウコちゃんが物事に興味をもち、やってみようとする意欲は、日頃からの友だちたちとの過ごし方や、関係性によって育っていくと考えています。

（千葉市弁天保育所・尾堂真実）

☆インクルーシブ保育の視点

保育者が子どもの姿をどのように見るかで対応が変わり、それが周囲の子の他者理解にも影響を及ぼします。インクルーシブ保育の展開にあたっては、どの子にも肯定的なまなざしを向けたいものです。同時に、子どもの学びの過程をよく観察することが必要です。くり返しが功を奏する子、観察を積み重ねて突然行動に移す子、スモールステップでできるようになる子など、その子の学び方やペースを保障していくことがインクルーシブ保育では大切です。（広瀬由紀）

28 食事中立ち歩きの多いマキちゃん

　マキちゃんは発語がなく、コミュニケーションはジェスチャーや表情の読み取りに頼っています。目に入ってくるものすべてに興味関心を示し、しずかなときに出る音にはとても敏感です。食事の途中に立ち歩くことも多く、落ち着きません。友だちが水をこぼしたり、おかわりをするのが気になり、自分の食事が終わっていないのにおかわりをしようとしたり、床に落ちている食べものを口にしてしまうこともあります。

どう考える

落ち着けるコーナーをつくったら？

　マキちゃんは食事の後など、ゆっくり休んだり、くつろぐ時間では、気の向くままに園内を散策し、各部屋や廊下などを自由に行き来しています。こんなマキちゃんの様子を見ながら、「落ち着けるスペースづくり」を用意しようと思いました。広い部屋では落ち着かないので、部屋の角で落ち着けるようなコーナーを設けました。

① 仲間を意識したスペースづくり

「マキちゃんのスペース」といっても、クラスの友だちと切り離すのでなく、仲間といっしょにいることを意識できるスペースづくりを心がけました。たとえば、食事の場所も、「近くの友だちといっしょに」という気持ちがもてるように、友だちの様子を見渡せる位置にし、気が散る出入り口から離れた場所をマキちゃんのスペースにしました。マキちゃんは、友だち同士の会話や様子をニコニコと見ながら、落ち着いて食事ができるようになりました。

「ごちそうさま」はテーブルごとにして、片づけや歯磨きなどをマキちゃんが友だちといっしょにできるように、タイミングを計って言葉がけをしました。

② みんなが使えるスペースを用意する

食事の時間に限らず、1日の活動のいろいろな場面で、マキちゃん用のスペースをつくりました。マキちゃんが座るテーブル、マキちゃんが座る位置というように決めていきました。また、マキちゃんのランチョンマットというように、できるだけ自分のものが使えるようにしました。こうすると広い部屋でも、同じ場所で自分のものを使用する安心感が生まれるようで、落ち着いて同じ場所にいるこ

とが増えてきました。一方で、「マキちゃんだけ特別」にならないように、「マキちゃんのスペース」の近くには、みんなが順番に使うことができるスペースを設けました。たとえば、お昼寝の時間には、ままごとコーナーがマキちゃんのスペースになるのですが、そこはもう1人お友だちの布団を敷くことができます。このスペースはお友だちにとっても順番が来るのが心待ちになるほど、人気になりました。

（みつわ台保育園・來住るみ子）

☆ インクルーシブ保育の視点

気持ちを落ち着けることが苦手な子どもには、その子が安心できる場所を確保することが大切です。その手立ての1つが「場」の工夫です。本人が落ち着けそうな場所を「固定化」することによって、安心感を確保できるケースもあります。また、毎日のように使用する「物」の固定化も有効です。ほかの子どもにも差し支えがなければ、その子のお気に入りの道具、おもちゃ、食器などを固定化することで、気持ちを落ち着ける手立てになります。落ち着けるようになるまで、しばらくは「特別な扱い」が必要かもしれませんが、様子を見ながら、少しずつほかの子も利用できるようにしていきます。こうすることで、その子の生活の幅が広がっていくことを期待します。（高倉誠一）

29 眠れないハルミちゃん

　3歳児のハルミちゃんは、午睡の時間にまとまった睡眠がとれません。1人では眠ることができないので、必ず保育者が寝かしつけをしていますが、布団のなかでじっとしていることが好きではないので、友だちの髪の毛を引っ張ったり、大きな声を出して泣いて怒ったりします。眠ることが嫌で、自分の髪の毛を抜いたりすることがあります。眠りそうになっても、ほんの些細な物音でパチッと目が覚めてしまうので、そのまま眠れなくなってしまいます。

どう
考える

安心して眠るためには？

　体を休めたり生活リズムを整える意味でも、園での十分な睡眠は必要です。午睡は毎日のことなので、特定の担当者を決めて、ハルミちゃんの寝るときの癖や寝かしつけるタイミングなどを把握するように心がけました。ハルミちゃんが安心して眠ることができるために、気持ちを落ち着けられるよう、なるべく一定の状況をつくるように心がけました。泣き出してしまった場合は、寝ることを無理強いせずハルミちゃんを見守るようにしました。ただ、友だちを起こしてしまうときは、別の部屋で遊ぶなどの工夫が必要でした。日中に体をたくさん動かして遊ぶことも必要だと考え、保育者とともに部屋のなかで鬼ごっこやかくれんぼをして遊んだりしました。

① 落ち着いて眠ることができる環境を整える

　少しでもハルミちゃんが落ちついて眠ることができるよう、つぎのような工夫をしました。○寝る場所を固定する。○担当保育者を決める。○寝るときの癖や寝かしつけるタイミングなどを把握する。○周りの子の配置を考える。

　そのほか、午睡前は自分の布団の上で、保育者や友だちといっしょに手遊びや絵本を読むなどして、落ち着いて過ごすようにしました。ハルミちゃんの布団の周りには早く寝る子の布団を敷くようにし、動くもの（友だち）が視界に入ると気が散ってしまうので、友だちが見えない向きで寝たり、寝る場所を部屋の角にしたりしました。また、保育者自身が横になり目をつぶり、寝息を立て、「寝る時間」だということを伝えました。担当保育者が1対1で寝かしつけをすることで、次第に安心して、少しずつ長い時間眠れるようになりました。

② クラスの子どもたちに説明する

　クラスの子どもたちには、ハルミちゃんがなかなか眠れないことや、小さな音でも起きてしまうことなどを話しました。次第に、「ここはハルミちゃんの場所」ということが、子どもたちにとっても当たり前のことになり、みんなで布団を敷くときも、ハルミちゃんの場所には決して布団は敷きませんでした。また、「ハルミちゃんの布団を敷きたい」「ハルミちゃんを布団まで連れていきたい」と、お手伝いやお世話もしてくれるようになりました。ハルミちゃんの近くになった子は、顔を覗き込まれたり、手を引っ張られたりしても、保育者をまねて反応せず寝たふりをしています。

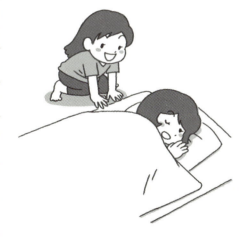

（みつわ台保育園・高橋沙知）

⭐ インクルーシブ保育の視点

　障害の有無にかかわらず、お昼寝の時間に落ち着かない様子を示す子どもは多いものです。その場合は、「同じことを、同じ場で、同じ時間で」というように、できるだけお昼寝の環境を固定化することが効果的です。こうすることで、子どもにとって見通しがもてると同時に、「いつもと同じ」という安心感が高まります。こうした環境の固定化は、こだわりの強い子どもにはとくに有効です。また、その子の苦手なことを子どもたちに伝え、いっしょに考えてもらうこともよいでしょう。子どもたちも保育者の気持ちを察しながら、思いがけないよい対応をしてくれます。（高倉誠一）

30 苦手なおやつに泣き出す リョウくん

　リョウくんはとても明るい性格で人なつっこく、すぐに友だちをつくることができます。しかし、嫌なことがあると泣いてしまい、なかなか気持ちの切り替えができません。自分の頭を打ちつけて怒る姿も見られます。食事は好き嫌いが多く、好きな食べ物に対する執着がとても強く、おやつも同様で、好きなおやつは一番に食べ終わるのですが、苦手なおやつは泣いて怒り出すこともあります。

どう考える　　一番つらいのはリョウくん自身かもしれない？

　リョウくんは、甘い蒸しパンや、ジュースなどのすっぱいものが苦手で、食べられないおやつが出ると、怒り出したり、泣いてテーブルにに頭を打ちつけることもあります。
　そうなると、クラスの子どもたちにとっても、楽しみなおやつの時間が苦しい時間になります。しばらくこのようなお互いに苦しい時間を過ごしたのですが、あるときから、「一番つらいのはリョウくん自身かもしれない」と考えるようになりました。そこで、クラスの友だちにリョウくんのことを理解してもらい、「例外」を設けて、おやつが楽しい時間になるようにしました。

① ルールを決めて

　おやつは、保育者が個々の皿に盛り、量も定量にしています。「おかわり」は、全部食べた子から自由にしていいことになっていますが、1回という決まりがあります。苦手なおやつが出てリョウくんが怒り出したときは、その日は「おかわり」はないという約束の上で、給食室に保育者といっしょにリョウくんが食べるせんべい類をもらいに行くことにしました。「おかわりがない」というルールによって、できるだけ、出されたおやつを食べる努力をうながしました。

② 全員のルールと「特別」の約束

　子どもたちのなかにも、もちろん好き嫌いはありますが、その日提供されたおやつは、ひと口は食べようということになっています。これは、リョウくんもいっしょです。

　一方、リョウくんの好きなおやつは、一番に食べ終わり、すぐに「おかわり」をします。「おかわり」も食べ終わると、友だちの分のおやつまで取ってしまうこともあり、注意をすると、大泣きし、結局、友だちの分までもらっ

てしまうこともあります。このようなことも予測して、リョウくんにおやつをあげた子の分として予備を確保しておきます。

　リョウくんだけが、給食室からせんべいをもらうことは「特別」な扱いですが、クラスの友だちは自然と認めてくれています。リョウくんの好き嫌いや様子などは、リョウくんの「個性」と理解しているようです。

（みつわ台保育園・來住るみ子）

☆インクルーシブ保育の視点

　生活のなかでは、どの子も同じ共通のルールがあります。一方、クラスの子どもたちの様子に応じて、いかに例外を認めるかというのはむずかしいところですが、まずは、「おかわりは1回」「おやつはひと口は食べる」などの全員共通のルールを決めた上で、本人との約束として、個別的な「例外」を認めるという対応をとります。そして、本人とのこの約束が、特別扱いにならないためには、子どもたちがその子の個性を理解していることがカギになります。

　また、「例外」を認める判断としては、そのときの生活が「豊かな時間」であるかどうかもポイントになります。どうしても嫌で泣きじゃくったり、怒ってしまう子がいて、それが長く続けば、みんなにとって「苦しい時間」になってしまいます。こうした全員の「豊かさ」を確保するという判断も大切になります。（高倉誠一）

31 帰りのしたくに身が入らない アキトくん

　4歳のアキトくんは、信頼関係の築けた保育者や慣れた友だちには、思いや気づいたことを言葉で伝えます。しかし自分の思う順序通りに物事が進まないとかんしゃくを起こします。たとえば、保育者に見せたかったものを友だちが片づけてしまったり、保育者に話を聞いてもらえなかったりすると、泣いたり大声を出します。毎日くり返されるお帰りのしたくですが、アキトくんは1日たくさん遊んだせいで、いつも疲れて帰りのしたくになかなか身が入りません。

どうして なのかな　　## みんなといっしょにできない理由は？

　マイペースなアキトくんは、周りの友だちの動きに関心がありません。1人遅れてもまったく慌てる様子もありません。その結果、どうしても注意されることが多くなってしまいます。そこで、意識的に、アキトくんの話に耳を傾け、遊びのなかでアキトくんとかかわる時間を多くとるようにしました。保育者との信頼関係ができるにつれ、アキトくんから話を聞いてほしいというそぶりが出はじめました。すると、アキトくんには安定して過ごせる時間が増えてきました。

　「みんなといっしょに」同じことをするのはむずかしくても、「みんなと同じ場で過ごすこと」、また時間はかかっても「みんなと同じこと」をするのが大切。こんなことを、アキトくんが自身で感じてほしい、そんなつもりで、この後も接していきました。

① したくの順を絵と文字カードで

アキトくんは、掲示物の変化によく気がついて、うれしそうに報告に来ます。順序立てて取り組むことが好きなので、帰りのしたくの順序を、絵と文字でカードにして示すことにしました。すると、「1番終わった。つぎは？」と保育者に報告しながら帰りじたくをするようになりました。そこで、好きな電車の路線図をつくり、1つできたらつぎの駅に進むようにゲーム感覚で帰りじたくに取り組むようにしました。すると自分から「ディズニーランドに着いたね！」と、路線図の順番を楽しみながら帰りじたくをするようになりました。体力がないせいか、週はじめと半ば、週末で、アキトくんの状態は変化します。そこで、その日の様子に応じて、当日の目標を設け、声をかけていきました。

② がんばったところを認め合うクラスに

5歳になるとアキトくんの帰りのしたくに、ほかの子との差が目立つようになりました。「まだ終わってないの？」と子どもたちから否定的な言葉が聞かれることもありますが、保育者はその都度、だれにでも得意なこと、苦手なことがあると伝えたり、言い方についてクラスで話し合ったりしました。

また、意識して、がんばった子には大きな声でほめていったところ、少しずつ「今日、がんばっているね」「すごいね」など、子ども同士認め合う声が聞かれはじめました。友だちのいいところを見つけ、言葉を選び、伝える姿が多く見られるようになったのです。なかには帰りのしたくカードや表示を見ながらアキトくんといっしょにしたくする友だちも出てきました。こうしたかかわり合いで、少しずつアキトくんの表情も生き生きして会話もめざましく増えていきました。

（植草学園大学附属美浜幼稚園・池田里香）

☆インクルーシブ保育の視点

園から帰るしたくが、なかなかできない子もいます。アキトくんもその1人でした。インクルーシブ保育では、いつもみんなといっしょの行動や活動をすべきと考えません。しかし、帰りのしたくのように、どの子もする園での習慣については、支援の手立てを探り、できるように後押しします。順や見通しが関係するので、理解しやすい絵や写真、ゲーム形式なども入れるとよいでしょう。生活のなかで自然にできて、ほかの子からも特別視されない配慮が必要です。（太田俊己）

32 帰る時間も走り回るアトムくん

　４歳で入園してきたアトムくんは、活発ですが、力加減がわからず、友だちを強く叩く、服を引っ張る、後ろから強引に抱きつくなどしてしまうことがあります。帰りの時間でも、興味のないことには参加せず、部屋を飛び出し、走り回り、大きな声でしゃべるなどします。一方で、アトムくんは片づけが得意です。絵本やおもちゃを、種類別にきれいに最後まで片づけてくれます。また、争いごとが嫌いで、友だちが泣いていればすぐに飛んできて、けんかやトラブルを止めるアトムくんでした。

どう考える　どうして落ち着かないか捉え直すと？

　クラスの友だちのアトムくんへのイメージは、どうやら「いつも走り回っている」「友だちを叩く子」という悪いものでした。こうしたアトムくんへの友だちの見方が気になり、アトムくんの行動の背景や、アトムくんの落ち着かない状況を改めて捉え直すことにしました。
　アトムくんは、入園してはじめての集団生活で、園生活の流れや決まりがわからず、どこに自分がいたらよいか、何をしたらよいかがわからずに、その場から離れてしまうのではないかなど、意見を出し合い、対応を考えました。

① 「約束」がつくる園生活

アトムくんが部屋を出てしまう場面では、「アトムくんの部屋はここだよ、出て行ってしまったらみんな心配するよ」とくり返し伝え、部屋にいるよう約束しました。また「どんな理由があっても、友だちを叩いてはいけない」とくり返し、約束しました。無理強いはせず、部屋を出て行く場合には、空き教室でならば遊んでもよいことにしました。アトムくんの意思と、ペースを尊重するようにしました。

入園して3カ月、保育者との信頼関係ができてきた頃を見計らい、「呼ばれたら部屋に帰ってくる」約束を、保育者とアトムくんの間で交わしました。アトムくんは前よりも落ち着いた様子になり、部屋を出て行っても呼ばれると、素直に部屋に戻り、とうとうクラスの活動にも参加できるようになりました。保育者と積み重ねた約束で、信頼関係もさらに深まったように感じます。

② 友だちからの「ありがとう」も

「走り回っている」「友だちを叩く」イメージが強いアトムくんでしたが、ぐちゃぐちゃだった本棚の絵本を、絵本の種類別の色テープごとに丁寧に整理してくれたことがありました。みんなにそれを伝え、全員で「ありがとう」とお礼を言いました。アトムくんは恥ずかしそうに照れていました。

それからのアトムくんは、気がつくと、本棚の整理、おもちゃの片づけ、いすやスリッパをそろえるなど、自分からすすんでするようになりました。そのたびに、友だちからは「ありがとう」の声がかかりました。クラスのなかのアトムくんのイメージも変わり、アトムくんにも「クラスの1人」という自覚が出てきたように思います。

（植草学園大学附属美浜幼稚園・堀切裕子）

☆ インクルーシブ保育の視点

インクルーシブ保育では、さまざまな子どもの状況をまず受け止め、困る状況とその背景を考え、話し合います。約束事がどんなとき守れないか、その理由は何かなどを考えます。アトムくんのケースでは、部屋を出て行く本人なりの理由を考えました。行動の理由がわかれば、子どもとの約束もできるようになります。ほかの子どもたちとも、約束を共有して、仲間関係を築いていけます。その子どもが集団生活に自然となじめるように必要な個別の支援をすることも必要ですし、一方で友だち関係がよりよくなるよう集団への支援をすることも、インクルーシブ保育には必要です。（太田俊己）

33 落ち込みやすいハルキくん
［お迎え保護者への伝え方］

　ハルキくんは、発達に全般的な遅れがあります。毎日の身じたくや製作活動など、補助教諭の支援を受けています。しかし、ハルキくんには、みんなと同じようにやりたいという意欲があるので、ときにはハルキくんに任せて様子を見守るようにしています。気持ちのコントロールが苦手で、失敗したり、できていないことがわかると、ハルキくんは落ち込み、なかなか立ち直れません。お迎えのお母さんにどう伝えるか悩みます。

どうすればよいかな　助け合うのを当たり前にすれば？

　5歳になり、言葉の理解が進み、クラスのみんなといっしょに行動できることが増えてきた反面、みんなと同じようにできないと不満や悔しさで、泣いたり、身を固くして行動しなかったりします。ちょっとこみいった活動や、体を動かす活動には、むずかしかったり体力が続かないためか、ぐずったり、だらけたりします。そんなハルキくんには、どうしても手を出しがちになりますが、そうした支援が「ハルキくんだけに特別」「ハルキくんだから仕方ない」といった子どもたちの受け止め方にならないように配慮をしています。「できないこと・苦手なことを助け合うのは当たり前」という関係づくりをすれば、「ハルキくんは特別だから」「えこひいきしている」という見方は生まれてこないと思っています。

① 助け合う関係づくり

　クラスでは、がんばってもできないときは、保育者や友だちに自分から伝え、助けを求める関係を大事にしています。これが基本にあれば、どの子にも、クラスが安心な場所になり、自分で挑戦する気持ちにつながります。ハルキくんにも、気軽に助けを求めることを促していったところ、自分から「やって」と言ってくるようになりました。クラスの子どもたちも保育者も、ハルキくんのがんばりを応援しつつ、すべてを手伝わずに半分くらいを手伝うようにしました。

　たとえば、くつを履くとき、つま先を入れる補助をしたら後は自分で履くサポートを、階段登りで遅れていたら励ましながら途中までいっしょに行き、後は1人で歩けるように背中をそっと押すサポートをしました。

② がんばったことをお迎えで伝える

　クラスで、ハルキくんについて話したことがあります。「だれでも苦手なことはある。だけど、みんなで助け合えば乗り越えられる」などです。子どもたちも、保育者も「みんないっしょ」を忘れずに取り組むことが大切だとハルキくんの保育から学べました。

　本園では子どもの送り迎えは、保護者にお願いしていますが、お迎えの時間は、担任と保護者が直接コミュニケーションを図るとてもよい機会です。ハルキくんの保護者には、その日の様子やがんばったこと、友だちとのトラブルなどを背景がよく伝わるように細かく伝えています。トラブルに焦点が当たると、保護者も心配になります。そこで、ハルキくんの成長したところや達成できたことなどを、必ず交えるようにして、否定的な雰囲気にならないようにしています。

（植草学園大学附属美浜幼稚園・鈴木香菜）

☆ インクルーシブ保育の視点

　インクルーシブ保育では、ご家庭との連携はとても大切です。子どもの発達や園での状況、遊びや友だちとの様子、日々の出来事などを、できるだけご家庭と共通理解しながら進めていきたいものです。その際全体の雰囲気や、園・保育者の姿勢を理解していただくようにしましょう。そのためには、連絡帳でのやりとり、メールや電話での諸連絡なども役立ちますが、短時間でも互いが顔を合わせて話せればそれが何よりです。帰りのお迎えがある園では、お迎えでの話のやりとりが好機です。（太田俊己）

34 エイジくんのけがを伝えそびれてしまった場合

　幼稚園を楽しみに元気よく登園してくるエイジくん。エイジくんには言葉の面に遅れがあり、気持ちを伝えるコミュニケーションがうまくできません。そのため、けがをしても訴えることができずにパニックを起こし、大声で泣き叫び続けます。ある日、エイジくんが友だちとのトラブルで、けがをしました。消毒し、傷の手当をしましたが、この日はさまざまな出来事があり、お迎えの際に保護者にけがのことを伝えそびれてしまいました。

けがしたときの初期対応は？

　エイジくんの様子を心配して、ほかの子どもたちが声をかけたり、集まってきます。子どもたちの気持ちはとても大事ですが、本人の興奮が続いたりするため、まずしずかな場所に移し、気持ちが落ち着くまではゆったりした感じで対応します。エイジくんの痛くてがまんできない気持ちを受け入れながら接します。

　落ち着いてきたら、どのような手当てをするつもりか、薬やテープなど実際のものをみせ、触ってもらいます。こうすることで、エイジくんもけがの手当について見通しがもて、気持ちを鎮めながら手当てが受けられます。これらはけがに大きく反応したり、けがを受け入れにくい子たちに必要な初期対応です。

① 保護者との日頃の信頼関係を深める

けがやトラブルがあったときは、日頃からの信頼関係とコミュニケーションのあり方が問われます。日頃からその子の園での様子を丁寧に、細やかに家庭に伝えることで、「丁寧に見てくれている」「うちの子をちゃんとわかってくれている」と受け止めてもらえます。保護者の安心のもとに信頼関係も深まります。保護者の園への信頼と対応への理解も増します。

保護者の連絡で配慮すること

①ほかの保護者や子どもが近くにいる場合には、その場では伝えない。

②時間を見計らって直接電話をする。

③内容によってはじかに面談したほうがよい。

④職員間で情報を密にとり、担当の保育者だけでなく、保護者の問い合わせなどにどの職員も対応できるようにする。

② けが・トラブルは、早急に保護者に連絡する

大きなけが・小さなけがにかかわらず、時間をおかず、けがなどの状況と処置などを丁寧に保護者に伝えます。万が一連絡が遅れてしまった場合は、誠意をもってお詫びし、その後の様子を聞きます。嘘や言いつくろい、はぐらかしや弁明などはやってはなりません。もちろん疑問や質問にはきちんと応えます。

子ども同士のトラブルや不可抗力で相手を傷つけてしまった場合は、状況の説明に加えて、その子の気持ちを十分汲み取りながら伝えることが必要です。「何をしようとしていたのか」「なぜ、どのような気持ちでトラブルになっていったのか」など、保育者としての受け止め方を保護者に伝えます。子どもたちのそれぞれの気持ちにも寄り添いながら、双方のご家庭・保護者と誠実に話し合いを重ねていきます。

（植草学園大学附属美浜幼稚園・小笠原晴代）

☆インクルーシブ保育の視点

保育園・幼稚園・こども園では、子どものけがは避けては通れません。子ども同士のけんかやトラブルは、集団の生活にはやはりつきものです。インクルーシブ保育を進めるためには、けがや事故がないよう保育計画・内容に配慮し予防せねばなりません。危険な箇所や物品がないかの日頃のチェックはもちろん、子どもが安心・安定した園生活を送れるよう不安・危険な条件を解消し、落ち着いて保育に当たれるよう整えます。しかし、予定外に起きるのが事故です。子どもの生命や心身への危害を食い止めることが第一に必要です。マニュアルをつくり、リハーサルが求められます。保護者やご家庭への連絡は最優先です。このケースにあるように、日頃から、子どもを通じての信頼関係を丁寧に築くことが何よりの対応の基盤です。障害のある子の保護者の場合、とくに互いの信頼が大切です。まず自分のこととして事態を受け止めることからはじめましょう。（太田俊己）

第**2**章

行事の場面で

35 はじめてが苦手なアツシくん

　アツシくんは、はじめての場所や場面が苦手で、緊張し、パニックを起こすことがあります。ロッカーの友だちの帽子をつぎつぎと取ったり、大声を出してその場から逃げたり、寝そべってじっと動かなかったりもします。でも、アツシくんが安心できる人、ものといっしょにいれば、はじめての場所でも少し穏やかに過ごし、じょじょにその状況にも慣れていきます。こんなアツシくんも入園後はじめての運動会を迎えることになりました。

どうすればよいかな

運動会と日々の保育が連続して展開されていますか？

　運動会のために何かをはじめるというのではなく、運動会の競技、ダンスには、これまでの保育のなかで子どもたちが慣れ親しんだものを取り入れるようにしました。アツシくんだけでなく、どの子にも無理なく自然に楽しめると考えたからです。
　「おむすびころりん」の話のなかの「♪おむすびころりん、すっとんとん」という言葉の響きが、子どもたちには大人気でした。そのおむすびが転がる様子を遊びにして、キャタピラに入り、園庭を走り回りました。楽しそうな友だちの様子を見ているうち、アツシくんもこの遊びが大好きになり、自分から参加するようになりました。

① 「自分の場所」を本人にわかりやすいように伝える

　運動会が近づき、子どもたちは競技やダンスを楽しみ、ほかの友だちの競技などを応援する場面も出てきました。はじめは応援席で見ていたアツシくんも、そのうちに自分もやりたくなり、競技の列やダンスのなかに入って行こうとするようになりました。

　自分の席に座るように話しても、座っていることができません。そこでアツシくんの顔写真をいすに貼り、「アツシくんのいす、ここに座ります」と話しました。視覚的な手がかりがあるほうが、理解しやすいアツシくんは、このいすを見たことで、ほかの種目の間も自分のいすで応援することができました。

② 気分が切り替えられる場を保障する

　運動会当日は、園に大勢の人が集まり、音楽や放送が休みなく流れ、これまでとは違った雰囲気になりました。はじめのうちは、アツシくんも運動会のにぎやかな雰囲気を楽しんでいましたが、出番までの待ち時間が長くなると、応援席で見学していることはむずかしくなってきました。

　そこで、「上手にいすで応援できたからおうちをつくって遊ぼう」と外の様子がよく見える部屋に入り、そこでゆったり積み木遊びをしました。アツシくんの出る競技の小道具の準備がはじまり、友だちが整列しているのを見て庭に出て、競技に参加しました。気分を立て直すために、応援席から離れたことが効果的だったようです。

（千葉市宮野木保育所・瀬戸悦代）

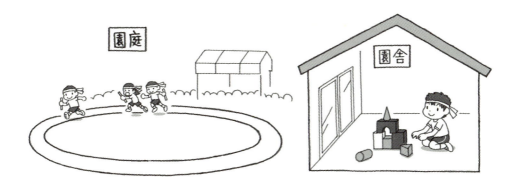

☆インクルーシブ保育の視点

　運動会などの行事では、その日に至るまで、さらに行事が終わった後の子どもたちの変化の過程が重要です。「昨年やったから」「流行っているから」ではなく、行事のもつ意味やねらいを再確認し、目の前にいる子どもたちをよく観察して、どの子にも無理なく楽しめるプログラムを組み立てていきます。また、子どもが無理なくともに参加するために、子どもに応じた伝え方や必要な空間などの配慮も検討していきます。（広瀬由紀）

36 繊細な感性のアモンくん

　アモンくんは人なつっこく、とてもひょうきんです。絵や文字に関心を示し、すぐ記憶することができます。でも、思いがけない出来事が苦手で、パニックになることがよくあります。つくっていた積み木やブロックが壊れたり、給食のスープが少し洋服にこぼれたりしただけでも、大声で泣いたり、ときには、周りにいる友だちを叩いたりして怒ります。にぎやかで楽しい場面でも興奮してしまい、ちょっとしたことでパニックを起こすこともあります。アモンくんを含めた年中児は、運動会でダンスに取り組むことになりました。

どうすればよいかな　　**練習は"みんないっしょ"にスタートしないといけない？**

　担当保育者の間で相談し、アモンくんはしばらく練習には参加しないことにしました。楽しい曲が流れるなか、保育者も試行錯誤しながら子どもたちとダンスをつくりあげるような、いわば見通しのつきにくい状況では、興奮してパニックを起こしかねません。その後も運動会に参加できない可能性が高いと考えたからです。

　そこでアモンくんが、友だちや保育者の動きを見て、自分がどのようにしたらよいのかはっきりわかるようになってから、アモンくんはダンスの練習に参加することにしました。

① ダンスを「聞く」「見る」

友だちがダンスをしているときは、さりげなく曲が聞こえるものの、姿は見えない場所で、好きな遊びを楽しむようにしました。ダンスに参加する前に自然に曲に触れられるようにと考えたからです。そして、友だちがそろってダンスができた段階で、はじめて参加することにしました。「見る力」の強いアモンくんにとって、曲に合わせて友だちの同じ動きを目にすることは、とても効果的でした。ダンスもしっかり覚えることができ、その後も大勢の友だちとも楽しくダンスができるようになりました。

② 「お友だちのダンスを見る日」

その日の調子によってダンス練習をやりたがらないことも、ときどき見られました。そんなときには、座ってダンスを見ているように話しました。その場から離れていってしまうのではなく、「今日はお友だちのダンスを見る日」という参加の仕方にしたのです。

また、ダンスでつけるお面をつくることにしました。自分の好きな色で自分のお面をつくることで、子どもたちのダンスに対する意欲が高まるようにしました。

（千葉市宮野木保育所・瀬戸悦代）

☆ インクルーシブ保育の視点

行事などの活動では、「みんないっしょに」展開しながら、配慮を要する子には参加度を調整する場合が多く見られます。たとえば、ある種目については当日も含めて部分参加とする、練習で誘ってこない場合は別な活動でもよしとする……などです。参加度の調整が、園の子どもたちすべてに対しておこなわれている場合や、本人や周囲が納得している場合はよいのかもしれませんが、特定の子だけにということであれば周囲との違いだけが浮き彫りになってしまう可能性があります。

1つの参加方法について「する」「しない」の二択を取るというのではなく、多様な参加方法が存在するという考え方から、一人ひとりに合ったものを検討していくことが大切です。また、検討した参加方法については、園全体で共通理解が不可欠です。保育者が共通理解をしながら、その子が自分らしく生き生きと活動に参加している姿を見せることは、周囲の子どもたちのその子への見方や捉え方にも大きく影響を及ぼすでしょう。（広瀬由紀）

37 動きがゆっくりのアケミちゃん

　年長児のアケミちゃんは、「あー」のひと声でさまざまなことを表現します。「のどが渇いた」などの欲求も、言葉ではなく泣いて表現しています。ゆっくりですが、自分で歩いて興味のあるところ（多くが園庭）に行けるようになり、ときには少し走ることもあります。友だちが手遊びをすると「もう1回やって」とばかりに手を叩いたり、友だちの手を取るようになりました。少しずつ友だちにも興味が出はじめ、友だちのところに近づいていく姿が出はじめてきました。運動会では、毎年クラス対抗リレーがあります。とくに年長はそれぞれにリレーへの思いをもって参加しています。

ふだんの遊ぶ姿に参加のヒントはあります

　アケミちゃんのふだんの様子を見ていると、1人ではリレー参加はむずかしくても、友だちと手をつなげば、走れるのではと考えました。はじめは保育者が手をつないで走り、途中で数人の子どもに受け渡していく形を取りました。また、手遊びやリズム活動のなかでも、友だちと手をつなぐ機会をつくりました。

　手をつなぐ、いっしょに何かをするということをくり返すことで、アケミちゃんのなかで「友だちと手をつなぐ」ことへの抵抗が和らいだように感じました。

① 走る距離を短くする

　アケミちゃんが「トラックを一周する」のは、むずかしいと感じていました。クラスで話し合い、アケミちゃんの走る距離を短くすることをほかのクラスに提案することにしました。しかし、すぐには納得してもらえません。そこで、アケミちゃんの走る速さとほかの子とでどれだけ違うのかいっしょに走って比べてみることにしました。実際に走ると、ほかの

クラスの年長にも違いは一目瞭然でした。もう一度同じ提案をすると、クラス全員が納得したので、アケミちゃんの走る距離は短くなりました。距離を短くするということは「その子だけ特別」なように思えますが、その子がその子なりに走れるようにという選択肢の1つとして、でも保育者の一方的な思いの押しつけにならないよう進めました。

② 子どもたちから出た思いがけないアイデア

　しかし、アケミちゃんは、保育者といっしょだと走れますが、友だちと手をつないでは走れませんでした。子どもたちから「どうして」という声が出たので相談すると「アケミちゃんの好きなものを前に置いておけばいい」「歌が好きだからみんなで歌を歌ったらどうか」など、さまざまな声があがりました。アケミちゃんのお母さんから聞いたという子もいて、好きな傘をもってきて試すこともありました。子どもたちに問題を投げかけると、子どもたちなりに考えていること、思いがけない声や行動が出てくることを感じました。当日は、アケミちゃんが途中で「嫌だ」と座り込んだり、泣いたりすることなく友だちといっしょにゴールすることができました。

（葛飾こどもの園幼稚園・岡澤　元）

☆ インクルーシブ保育の視点

　リレーは、ふだんの園の生活では体験することが少ない、勝ち負けを意識することの多い場面です。練習を重ねていくと、「負けたくない」「勝ちたい」と思うことは自然な流れでしょう。その気持ちを口に出すことができる雰囲気であることが大切です。子どもたちの思いを受け止めつつ、一方で、仲間とともに挑む意識を子どもたちが共有することが大切です。必要な事実や考えを伝えながら、一人ひとりの違いへの理解が進むように子どもたちの話し合いの経過を見守り、違いを踏まえた上で子どもたちがどのようにしたいかを考えられるプロセスを大切に保育を進めていくことがポイントです。（広瀬由紀）

38 大人とかかわるのが好きな マモルくん

　4月に入園した3歳児のマモルくんは、電車や乗りものが大好きで、ひらがなやカタカナの読み書きにも興味があります。しかし、周りの子どもたちにはあまり関心がなく、大人とのかかわりがうれしいようです。自由な遊びの場面では、個別的にかかわってもらえるフリーの保育者や職員のところへ行ったり、大人の注意を惹くため、用具をわざと倒したりすることもありました。集団でいっしょの活動はむずかしく感じられました。運動会では「ぐるんぱのようちえん」をテーマに種目を考え展開することになりました。

子どもが遊びに集中するポイントは？

　『ぐるんぱのようちえん』（福音館書店のロングセラーの絵本）は、ひとりぼっちの大きなぞうの「ぐるんぱ」が、ビスケット屋さん、お皿つくり、くつ屋さん、ピアノ工場、自動車工場などで働きますが、失敗ばかりで、最後は「幼稚園」を開いて、子どもたちに囲まれて生き生きと働くお話です。

　マモルくんは乗りもの好きなため、3歳児は車のハンドルを持って走ることになりました。新聞紙を丸めて、色紙や包装紙などを貼って、自分のハンドルをつくりました。ハンドルをつくっただけでは、イメージがはっきりつかめなかったようですが、ハンドルを持って走ると、自分で運転しながら走っている気分になるようでした。何よりマモルくんが自分から「先生もっと走りたいよ」と言ってきてくれて、マモルくんにとっても楽しい遊びだということがわかりました。

① 渦にほかの子を巻き込む

運動会の練習で、毎日、3歳児はハンドルを持って園庭を走り回りました。集団のなかで活動することがむずかしく感じられたマモルくんも加わりました。仲間といっしょに行動する楽しさを感じはじめ、この頃から少しずつ友だちにも関心をもちはじめました。遊びの時間でも「先生、電車ごっこしようよ」と自分から言ってきて、2、3人の友だちもいっしょに遊びはじめる場面も出てきました。

② 子どもの興味をアレンジする

運動会当日も、ハンドルを持って楽しく走ることができました。ハンドルを持って走るという遊びは、マモルくんにとってだけではなく、ほかの3歳児にとっても魅力的な遊びで、ふだんはそれぞれに遊んでいる子どもたちが、なぜかハンドルを持っているときはみんないっしょに楽しんでいる姿が印象的でした。ハンドルを持って運転することは、子どもたちにとってある種の憧れで、なりきって遊ぶ楽しさがあったようです。

マモルくんの興味ある乗りものに着目し保育内容に取り入れたことで、結果としてみんながかかわるよいきっかけにつながりました。

（葛飾こどもの園幼稚園・安東喜子）

☆ インクルーシブ保育の視点

集団で活動しようとするとき、配慮を要する子をどのように集団へ入れたらよいかと考えることが多いですが、その発想を逆転して、その子の興味・関心を中心にした渦のなかに、ほかの子どもたちを巻き込む方法もあります。

配慮を要する子の興味・関心を保育者がうまくアレンジすることで、ほかの子にも魅力ある遊び、活動をつくり出すことができれば、その子どもを中心にした活動が動き出し、関係性が生まれます。（広瀬由紀）

39 人見知りのマユミちゃん

　５歳のマユミちゃんは、担任以外の大人が苦手です。同年代の友だちに興味があり、いっしょにいればニコニコした表情で落ち着いているのですが、大人（担任以外の保育者も）とはうまくコミュニケーションをとることができず、強い人見知りがあります。発語もなく、表情の読み取りも必要です。嫌なこと、怖いときなどは担任に抱かれて泣き、気持ちの切り替えができません。長い時間抱っこのままのこともあります。はじめてのこと、場所も苦手です。

 どう考える　　**少しでも不安感を減らせるように**

　発表会の演目はオペレッタです。マユミちゃんは、歌や踊りが大好きです。オペレッタでは、一人ひとりのセリフもあるので、自然に参加できるように心がけました。お面、帽子、衣装をつけることも嫌がるので、何もつけませんでした。ただ衣装は、みんなが衣装をつけたところを写真で撮り、マユミちゃんがいつでも見られるようにし、少しでも抵抗が減らせるようにしました。じょじょに友だちのセリフをまねして、「アー」「ウー」と声を出すようになってきました。セリフはとくに用意していなかったものの、「自分も」という気持ちを大切にし、ジェスチャーもまじえて、声が出せるように役をつくっていきました。声が出ない場合も予想されますので、同じ役の子に代わって言ってもらうようにサポートを頼みました。クラスの友だちにも「マユミちゃんといっしょに」という気持ちが、芽生えてきました。

① 当日・本番のときも切り替えや見通しがもてるように

発表会当日は、部屋の様子や園全体の雰囲気も違っているので、切り替えができるように、通常の登園時間よりも早めに登園してもらいました。マユミちゃんと同じグループの子の着替えを先に済ませ、その様子を見てから、マユミちゃんの着替えをしました。少々戸惑いは見られましたが、いつもの場所に衣装をつけた全員の写真を貼っておきました。また、保護者の姿が見えるよう、マユミちゃんを舞台にあげました。幕の間から家族の姿を見て、いつもとの違いが理解できたようでした。

② 子どもたちが不安をカバーしてくれた

保育者の不安をカバーしてくれたのは、同じ役の子どもたちでした。練習のときからずっとマユミちゃんに付き添い、立ち位置などをマユミちゃんの分まで覚え、サポートしてくれました。当日は、子どもたちも緊張していたので、担当保育者がマユミちゃんの近くにいて、サポートしました。保育者がすぐ近くにいることで、子どもたちもリラックスでき、マユミちゃんに声をかけたり、いっしょに手遊びをしながら順番を待つことができました。

マユミちゃんにとって苦手なお面は、いっしょにつくったものの、嫌がったので保育者の胸につけました。同じ色の大きなリボンを全員の髪につけ、大きな鏡でみんなの姿を確認してクラス全員で気持ちを盛りあげていきました。本番でのマユミちゃん。衣装をつけて舞台にあがったマユミちゃんの姿に、子どもたち全員がニッコリしていました。

（みつわ台保育園・來住るみ子）

☆インクルーシブ保育の視点

ふだんの生活と異なる行事などの活動では、不安感が高い子どもやこだわりの強い子どもは、落ち着かなくなったり、パニックになってしまう場合もあります。こうした不安感を少しでも減らす手立てとして、活動の「見通し」となる情報をできるだけ伝えていくことが大事です。練習のときから全員分の衣装を写真に撮って確認したり、みんなが着替えた姿を確認してから、本人が着替えるなど、「これから先のこと」をできるだけ具体的に示すことが大切です。また、保護者の協力を得て、家庭でも園の行事前を話題にしてもらうとよいでしょう。（高倉誠一）

40 イヤなものはイヤなレンくん

　入園して2年、6歳のダウン症のレンくんは、はじめは保育者の言葉や援助に受け身でしたが、園での生活の流れがわかってくると、保育者の手を借りながら、自分から朝のしたくや活動に参加するようになっていきました。好きなこと、嫌なことがはっきりしていて、自分の思い通りにならなかったり、意図に反した状況が起こったりするとものを投げたり、友だちの髪の毛を引っ張ったりと感情を直接行動に表します。

お気に入りの楽器なら参加できる？

　クリスマス発表会で、合奏をすることになりました。発表会は、クラス全員に参加してもらいたいという気持ちがありました。レンくんは合奏の練習中は友だちと同じ空間にいましたが、自由に動いていました。そこでレンくんには何かを無理にさせるのではなく、楽器を見たり、音を鳴らしたり、じょじょに楽器に触れながら気に入った楽器が見つけられたら、と少しずつ対応していました。レンくんの楽器は、興味を示したスズに決めました。練習のときは、保育者がいっしょにスズの場所まで行くようにしました。

① 何かが障害になっている

レンくんの立つ場所は、舞台の最上段のひな壇でした。レンくんをその場所に誘導しても、降りてしまいます。周りの子どもにぶつかったりするので、後ろから支えたところ舞台から降りなくなりました。しかし、合奏がはじまると座り込み、スズを投げてしまいます。ラッパに変えたりしましたが参加できません。補助の保育者とかかわる時間も増やしてみました。ひな壇の最上段が怖いのではと考え、レンくんの後ろに階段を置いたところ、座り込むことがなくなりました。これで問題解決と思ったのですが……。

② 苦手なことのオンパレードだった行事

発表会当日、自分の位置に立ったレンくん、目の前に大勢のお客さんがいました。練習のときと会場の雰囲気はまったく違っていました。何度も階段を使って降りようとしたため、職員が後ろから押さえていました。合奏がはじまったとたん、レンくんは練習のときと同じようにスズを投げ捨てて、座り込んでしまいました。最後まで楽器を持つことなく終わってしまいました。

年に一度の発表会ということで、保護者にみんなといっしょに活動に参加しているレンくんの成長した姿を見てもらいたい、見せたいという思いが強く、レンくんの気持ちや思いに寄り添うことなく参加させてしまったことが、この結果になってしまいました。そもそも発表会の出しものを決めるとき、レンくんが参加できることを前提に考える配慮が足りなかったのでは、と反省しました。

（植草学園大学附属弁天幼稚園・石川明子）

☆ インクルーシブ保育の視点

障害のある子を全体の出しものに合わせるのではなく、その子のやりやすいこと、できることから、出しものを考える視点も大切です。発表会では、ドキドキするのは子どもも保育者も、観客席にいる保護者たちも同じです。ハプニングや失敗があっても、あたたかく見守られる雰囲気づくりも大切です。そのためには、練習のプロセスを保護者に伝え、保育者自身も楽しむことがポイントです。

いつもと違う雰囲気を体験する発表会では、戸惑ってしまう子どもも少なくありません。本番を前に、「子ども発表会」の形で子どもたちが交互に観客になって、観客を前に発表の経験を積む方法もあります。（相磯友子）

41 みんなと遊ばないリクくん

　リクくんは、ほかの友だちにほとんど関心を示しません。こだわりが強く、自分の思い通りにならないと泣き叫ぶこともあります。大抵はアルファベットや何かの記号を書き続けたり、積み木を積みあげたりして、1人で遊んでいます。クラス活動や一斉活動では、部屋を出てほかの部屋で好きなことをしたり、1人園庭で大型遊具に登ったりします。入園して2年目、4歳頃になると、1人でうまくいかず泣いたり、ぶつけて痛くしたりしたときには、担任保育者の助けを求めにくるようになりました。

園外で「仲間に入れる」よりもリクくんに近づく

　親子遠足のときのリクくんは、広い公園を走り回り、呼んでも振り向きません。結局、追いかけっこになりました。そこで、お弁当の前に、クラス全員で、わらべ歌入りの鬼ごっこをすることにしました。捕まえるとくすぐることにして、「リク〜ん」とみんなで追いかけると、ニコニコしながら逃げていきます。

　ほかの子の遊びや活動のなかにリクくんを入れようとするのではなく、リクくんが楽しんでいる遊びや関心を示したことに、わたしたちが近づいていくことにしました。そこで、みんなと思い切り走り回れるところは？　と考え、園から歩いて30分くらいの土手に園外保育に行くことにしました。これを「地域探検」と呼ぶことにしました。

① 絵カードで見通しをもつ

リクくんは、予測できないとパニックを起こします。ふだんと違う園外保育では見通しがもてるように、1日の流れを絵カードで示し、やることを視覚的に伝えました。

「地域探検」では、幼稚園→歩く→ザリガニ→はらっぱ→お弁当→鬼ごっこ→歩く→幼稚園の6種の絵カードを並べ、事前に伝えました。前日にはお弁当を食べるAくんの写真を見せて、「Aくんといっしょにいこうね」と伝え、当日も確認しました。リクくんは絵カードを見て、「つぎは、お弁当」と自分で流れを確認していきました。

② 子どもたちといっしょに準備する

「リクくんも楽しく探検に行けるよう、持ち物表をつくりたいのだけど」とみんなに相談すると、Fちゃんが、「わたしが絵を描いてあげる」とMちゃんといっしょに、絵カードを描きはじめました。「リクくん、今日これやったから、このカードもいいんじゃない？」などと、子どもからつぎつぎとアイデアが出ました。当日、仲のよいAくんと保育者、リクくんの3人で歩いていたところ、Iくんが横断歩道で手をあげるためリクくんの手を離そうとしました。するとリクくんから、Iくんの手を握ったのです。リクくんはやっと手をつなぐことを意識したようでした。保育者とAくんは思わず顔を見合わせました。ほとんどつながりがなかったリクくんとクラスの友だちでしたが、地域探検の準備と当日の出来事をきっかけに、園でのこれからの生活に期待が膨らむ園外保育となりました。

（葛飾こどもの園幼稚園・加藤美世子）

☆インクルーシブ保育の視点

　活動を広げる効用が園外保育にはあります。同じ遊びでも、園外で遊べば、子どもには別な遊びになります。家庭で行く場合と、園の友だちとで行く場合では、違った経験になります。障害のある子にとって、園外保育は慣れない場所で、見通しのもちにくい経験をすることにもなります。その分、不安や混乱なく進める方策が大切です。リクくんの場合は、個別支援として流れを伝える「絵カード」「写真」を入れ、予備理解で混乱を防ぎました。アイデアがほかの子どもから出て、「みんなで行く」園外保育になりました。個別支援のみでは、その子への参加支援にとどまります。インクルーシブ保育では、ほかの子どもたちとの接点を増やし、「いっしょ」の参加を進める必要があります。（太田俊己）

42 園外で興奮してしまうアヤトくん

　アヤトくんは外部からのお客さんが来ると、わざと乱暴な言葉で話しかけたり、抱きついたり、突飛な行動を起こしたりします。園外の、はじめての場所に行く際にも、知らない人に話しかけたり、しつこく返事を求めたり、行き先で落ち着かなかったりします。遠足や林間保育など、自然のなかでは思い切り体を動かしたり、歌やダンスの活動も大好きです。友だちといっしょに楽しめますが、思いが通らないと興奮が高まり、結果的に友だちに手を出してしまうことがあります。こんなアヤトくんの園外保育は……。

どうすればよいかな　予定がわかり、自分で選べ、達成できたら変わった

　困惑したり、興奮するのは、アヤトくんにとってははじめてで、何が起こるか不安だったり、何をしてよいかがはっきりせず、曖昧なときだと気づきました。そこで、あらかじめアヤトくんに予定を伝える、複数の選択肢を用意して自分で選べるようにするなど、混乱を減らす対応をしました。また、できたことをともに喜び、小さな達成感でも味わえるようにしました。この経験を日々くり返すなかで、予定がわかり、やるべきことが明確になっていくにつれ、アヤトくんは積極的に自分からアイデアを出し、友だちといっしょに楽しむことができるようになりました。

① 保育者も加わって仲間遊びを

　仲間との遊びが盛りあがるよう、保育者もいっしょに遊びのなかに入ることにしました。アヤトくんが好きな体を動かす遊びを思い切りやってみる、興味をもちはじめたごっこ遊びが楽しめる教材づくりをする、保育者が間に入って思いを相手に伝えることを増やすな

どを心がけました。

　友だちとの遊びが楽しく、やりとりが以前よりスムーズにできるようになると、アヤトくんの行動も落ち着き、パニックも少なくなりました。言葉で伝えることも少しずつ増えてきました。

② 取り組みを工夫して園外に

　クラスで、歩いて20分ほどの距離にある郵便局に行くことにしました。郵便局訪問を前に、クラスではお手紙ごっこをしたり、郵便局が登場する絵本を読んだりして、アヤトくんが郵便局に親しみがもて、クラスのみんなは郵便局への期待が高まるようにしていきました。アヤトくんとは、「知らない人には話しかけない」「道路や建物内では大きな声で叫ばない」「郵便局のなかでは走らない」などの約束を交わしました。また、アヤトくんも年長

としての役割を果たすために、クラスの年少の女の子と手をつなぐことを頼みました。異年齢クラスの先頭にいることで、担当の保育者とアヤトくんがいつも話ができるようにしました。

　当日、アヤトくんはクラスの先頭になることに大喜びで、外れた行動は、この日はまったくありませんでした。園外保育の1日を通じても、年長児にふさわしい態度をとることができたのです。

（葛飾こどもの園幼稚園・小出 馨）

☆インクルーシブ保育の視点

　障害のある子の場合、約束やルールの理解、そしてそれを守る行動ができないことがあります。理解できる簡単な約束にする、イラストでわかりやすくする、似た場所で練習をする、少しずつのステップでほめたり確認したりしながら進めるなどの個別支援が考えられます。インクルーシブ保育の観点からは、ほかの子どもたちとの関係やサポートで進める、みんなでいっしょに、の形で練習し進めるなど、ほかの子どもたちとともに進めることを大事にしましょう。ほかの子どもたちが大いにサポートしてくれるはずです。（太田俊己）

43 病弱で体験不足のアタルくん

　心臓病があり乳児期から入退院をくり返したアタルくんは、鼻からのチューブによる栄養食も併用し、さらに摂食障害もありました。年長になると、お弁当の中身も、お粥や離乳食、栄養ドリンク（エンシュア）に変わってきました。体も小さく、保育者のそばで過ごすことが多かったアタルくんですが、とてもおしゃべりで、大人とのやりとりや会話もよく楽しみます。記憶力がよく、数字や予定にも関心があるので、家庭への連絡や伝言は、とても正確に伝わりました。その反面、自分から遊ぶことや友だちへの関心は希薄でした。

林間保育の前に近くの体験で慣れる

　アタルくんは、言葉としての知識はありますが、実際の体験は乏しく、園生活にも慣れてきたものの、実際に園外に出る経験はほとんどない状態でした。
　年長クラスになって1カ月後、年長児10名で「地域探険」に行くことになりました。2カ月後には、園の年長児のみ全員で出かける「林間保育」（2泊3日）があるため、アタルくんがクラスの仲間といっしょの時間を過ごし、実際の体験を通して、お互いに知り合うことを目標にしました。そこで、「地域探険」では、ふだん歩く機会が少ないアタルくんでも歩いて行けそうな、近くの土手の「くさむらたんけん」に出かけることにしました。

① 秘密の相談

アタルくんは、数字や文字に関心があります。そこで、数字や文字を入れた「予定表」をつくることにしました。大きめのカレンダーに文字で「ねんちょうくさむらたんけん」と書き込み、それを「予定表」にしました。予定表を目につきやすい場に掲示すると、アタルくんもすぐに関心をもち、それを話題にしはじめました。ある日、「秘密の相談」と称してアタルくんを入れた3、4人の年長児が集まり、探険の当日の持ち物を相談しました。「おやつ」「飲みもの」と用意した紙に持ち物を書いていきます。子どもたちの間に期待感が膨みはじめました。

アタルくんの参加にあたって、事前に相談し、お母さんとつぎのことを決めました。

①歩き慣れないのでリュックを軽くする。
②仲間との「たんけん」の楽しさを最優先する。
③みんなで決めた持ち物を持って行く。
④「アタルくんはだれと手をつないで歩きたい？」と先に聞いておき、自分から友だちに伝えられるようにする。

② みんなとの思い出のバナナ体験

「探険には元気の出る食べものが必要だよね」と保育者が話しかけ、「いろいろな食べものがあるけれど、『バナナ』とかどうかな」と提案しました。間をおかず、「アタルくんはバナナ食べられる？」とみんなの前で続けて聞いてみました。アタルくんはすぐに、「食べられるよ」と答えました。それを耳にしたほかの子どもたちも、「俺も持ってくる」「わたしも」と続けて言い出し、クラスのみんながバナナをデザートに持ってくることになりました。

探検の日、アタルくんも40分歩き通して、土手に着きました。みんなで夢中になって虫探しの「くさむらたんけん」をした後、おやつの時間になりました。すると口々に、「バナナ持ってきた」の声。バナナケースから得意げに取り出してみせる子どももいました。「ぼくもバナナ」「アタルくんとおんなじだ」と、アタルくんを囲んでいつしか「バナナグループ」ができていました。

（葛飾こどもの園幼稚園・小林さゆり）

☆ インクルーシブ保育の視点

障害や病気のある子のなかには、園外保育に参加しにくい場合があります。体調が変化しやすい、移動が困難、体力がない、排せつが園外では困難、そして本例のように食事に困難があるような場合です。基本的に、子ども本人・ご家庭と相談しながら参加の有無や範囲、参加方法などを判断していきます。インクルーシブ保育の観点からは、なるべく本人・ご家族の意思に沿い、できればほかの子どもたちと同じ参加機会をつくることが望まれます。障害や病気の制約はありますが、意図に沿うサポートによって、ほかの子たちと本質的には差がない保育を保障したいからです。どこまでサポートでき、子どもたち同士が楽しく、参加しがいのある園外保育にできるかが、その園の見識と力でもあります。（太田俊己）

44 興奮が収まらないシュンくん

　２年保育で入園してきたシュンくんは、何気ない友だちの言葉に腹を立ててつばを吐いたり、遊んでいたかと思うと、突然走り出したり、興奮状態になることがありました。しかし、ふだんは絵を描いたり、ものをつくることが大好きで、興味が尽きるまで続け、いろいろな形に発展させることが得意でした。年長組になったシュンくんは、友だちとのトラブルは少なくなったものの興奮するとあたりかまわず動き回ったり、暴言を吐いたりすることは相変わらずでした。

 個別の対応で落ち着かせる

　７月に、年長児クラスのお泊まり保育があります。午後４時に登園し、つぎの日の午前10時30分まで園にいます。当日は、なるべく昼寝をしないように保護者にお願いをします。過去のお泊まり保育の経験から、昼寝をすると夜眠れなくなる園児が多いことがわかったからです。
　食後の歯磨きの頃からシュンくんが少しずつ落ち着かなくなりました。遊戯室一面に敷かれた布団に興奮したのか、布団の上を走り回りジャンプをしたり、でんぐり返しをはじめたりしてしまいました。数人の子たちがまねをしてジャンプをはじめ、友だちや保育者の注意でやめましたが、シュンくんだけは楽しそうにジャンプをくり返していました。シュンくんだけ個別に保育室で落ち着かせることにしました。

① 火に油を注いでしまった対応

午後7時を過ぎるとすっかり暗くなり、近所の家や街灯の明かり、遠くのビルの明かりが見え、昼間の園とは違った光景になりました。園庭や廊下も昼間とうって変わって、しずまりかえっています。シュンくんはそのあたりから落ち着かなくなりました。保育室に移動してもシュンくんは絶好調です。興奮し て眠れないシュンくんは先生たちと、園内を回りはじめました。何周もした後は、さすがにシュンくんも疲れて、保育室の布団に横たわり、そのまま寝てしまいました。シュンくんは、ひとたび関心が高くなると途中で終わりにすることのほうが大変なため、再度園内を回ったことを反省しました。

② お泊まり保育の内容を見直す

シュンくんや子どもたちに昼間と夜の幼稚園の違いを事前に写真などで知らせたり、寝るときは、照明を落とすことを知らせる配慮が必要でした。シュンくんだけでなく、ほかの子どもたちにも興奮が起こりました。つぎ の年からは思い切ってお泊まり保育の内容を見直し、大型絵本を読んだり、星空を見たりする、興奮度の低い活動に切り替えました。

その結果、どの子も落ち着いて就寝を迎えることができました。

（植草学園大学附属弁天幼稚園・鈴木朱美）

☆ インクルーシブ保育の視点

お泊まり保育は、保護者と離れて「非日常」を集団で体験するものです。なかには、この「非日常」＝「いつもと違うこと」が苦手な子もいます。そういう子には、お泊まり保育ではどんなことをするのか、夜の園の様子を、写真などを使って伝えるとよいでしょう。それと同時に、「いつもと違う雰囲気でドキドキしちゃうかもしれないけど、いっしょに楽しもうね」と伝えます。「非日常」を経験することは、子どもたちにとって変化を楽しむことを知るという意義があります。

その上で、お泊まり保育のプログラムは、子どもたちの特性を考慮して流れを組み立て、子どもたちの「非日常体験の興奮」を保育者がコントロールできる範囲内に収まるように、内容や順番を見直すことも大切です。（相磯友子）

45 大勢の活動に入れないアツトくん

　アツトくんは、自分の関心のある車の話をしたり、外を走る車を眺めたり、好きな歌を口ずさみ、好きなダンスを踊ったりします。絵本が好きで友だちと楽しむこともできます。はじめての経験でも、写真やイラストのような視覚的な手がかりがあれば理解しやすいアツトくんでした。園生活2年目の年長になり、少しずつ周りの遊びや活動に関心をもちはじめています。クラスなど大勢での活動では、その場を抜けたり、自分の世界に入ったりする姿が見られます。

 どう すれば よいかな

子どもたちにも考えてもらうようにしたところ

　友だちといっしょに活動するのが苦手なアツトくんにとって、すべてに「みんなといっしょ」を求めると、苦しくなります。そこで、アツトくんの楽しめる遊びややっていることを取り入れることはできないか、と考えました。保育者がこうあってほしいという姿をアツトくんに一方的に求めるのはやめ、園で生活をいっしょにしている友だちとして、子どもたちにも考えてもらうことにしました。子どもたちが、アツトくんのありのままの存在を認め、理解することを大切にしたいと考えたからです。

① 好きなものを聞く

　遠足は動物園でした。アツトくんは、動物に関心がないように見えたのですが、個別に「どんな動物が好き？」と聞くと、「バクとサイ見たい」と小さな声で話してくれました。アツトくんは関心がないのではなく、関心のあることを表現し切れないのかもしれません。お母さんに、出来事を伝え、家庭での様子を聞くと、動物園行きが決まってから動物の絵本を読んだり、「遠足で○○を見る」と話すそ

うです。子どもたちと相談して、動物園での過ごし方を決めました。アツトくんが見通しをつけやすいように文字や絵を入れた「予定表」を用意し、子どもたちは動物園の「地図」をつくりました。予定表や地図で、アツトくんの家でも遠足を話題にしてもらいました。期待感を高めるように園でも家庭でも取り組みました。

② 小さなグループで楽しむ

　アツトくんが落ち着いて遠足を楽しむためには、グループ行動が必要では？　という意見が保育者から出されました。そこで、当日は、クラス全体で行動する時間と、5、6人のグループで行動する時間、そして、お母さんと2人で過ごす時間に分けることにしました。

アツトくんも、ほかの子も楽しめると考えたのです。当日、子ども30人、保護者30人、保育者5人が参加しましたが、園に帰るまでの7時間、アツトくんは落ち着いて遠足を楽しみました。ほかの子にも、少人数は楽しかったと好評でした。

（葛飾こどもの園幼稚園・鶴巻直子）

☆インクルーシブ保育の視点

　園外保育には、ご家庭との連携は必須です。日程、持ち物、着衣など必要事項が伝わり、目的通りの実施が望まれます。障害のある子では、当日の留意事項のご家庭との確認が重要です。ご家庭に事前の準備をお願いすることもありますが、当日の園外保育を十分に楽しむための準備ですから、ご家庭で過度にやってはいけません。日頃からご家庭との連携を深め、ご家庭の養育に対する敬意と感謝を忘れずに進めたいものです。（太田俊己）

46 お母さんと離れられないナオキくん

> ナオキくんは、3歳で入園しました。早く園に慣れるように、入園前からお母さんといっしょに園庭で遊ぶ機会を設け、入園後も1週間は、お母さんもいっしょに園で過ごしました。数日間は「ママー、ママー」と園中を探し回っていました。はじめての場所やはじめてのものに対して警戒心が強く、パニックを起こしてしまうこともありました。また、自分の思いを言葉で上手に表現することが苦手です。

子ども同士のかかわりが安心感を育む

　入園当初は、年長児が年少児の持ち物の整理やシール貼りを手伝います。ナオキくんの担当は、年長組のSくんでした。近くの公園に散歩に行くことになり、ナオキくんはSくんと手をつないで行くことになりました。保育者はちゃんと手をつないで出かけられるか心配でしたが、Sくんは「先生大丈夫だよ。ナオキくん、そのうち来るから」と落ち着いています。保育者が、「Sくんが公園まで連れて行ってくれるから手をつないで行きましょうね」と言うと、あっさりナオキくんはSくんの手を握りました。言葉を交わさなくても子どもたちの間にはいろいろなコミュニケーションの仕方があるのだと思いました。

　公園でもナオキくんはパニックを起こさず、みんなといっしょに歩いたり遊具で遊んだりしていました。帰り道も、ナオキくんはSくんに手を引かれ列に並んで帰ってくることができました。ナオキくんもSくんも何だか誇らしげな顔をしていました。

① 家族で遠足の場所を下見に行く

　ナオキくんの保護者には、ナオキくんがみんなといっしょに公園まで行けたこと、パニックを起こさず遊べたことを知らせ、いっしょに喜びました。

　5月にはバスで親子遠足が予定されています。ナオキくんのお母さんの不安はナオキくんが、①バスに乗れるか、②バスでパニックにならないか、③現地でなかに入れるか、の3つでした。お母さんはナオキくんと自家用車で何回も遠足の下見をしてくれました。また、バスを見るたびに、「バスに乗ってみんなで遠足に行こうね」と話してくれました。

② 「バス遠足ごっこ」でイメージづくりをする

　遠足が近づくと「バス遠足ごっこ」をはじめました。いすをバスのシートに見立て、順番にそのシートに座り、歌を歌ったり、クイズをしたりしながら目的地の遊戯室まで移動しました。いつもの場所ではない「遊戯室」が苦手なナオキくんですが、みんなといっしょだと苦手意識が薄らぐようです。ナオキくんは、その遠足ごっこで「バスは順番に乗る」ことを知り、「みんなといっしょにお弁当を食べる楽しさ」を味わえたようでした。この日からナオキくんは家庭で「バスに乗る」と頻繁に話したそうです。

　残念ながら、遠足は雨天で中止になりましたが、その後バスで行った芋掘り遠足を楽しむことができました。

（植草学園大学附属弁天幼稚園・鈴木朱美）

☆ インクルーシブ保育の視点

　慣れない場所やはじめてのことに抵抗がある子どもにとって、「遠足」はハードルの高い行事です。また、障害のある子の保護者にとって、慣れない場所や乗り物のなかで、パニックを起こすことを不安に思うことは当然でしょう。保護者の不安が子どもに伝わることもあります。まず、保護者の不安をじっくりと聞き、どうやって準備をしたらよいかいっしょに考えましょう。

　そして、忘れてはいけないのは日常的に接している子どもたちの力です。保護者による現地の下見や園でのごっこ遊びなど、準備を重ねることも大切ですが、「このクラスの友だちといっしょなら大丈夫」とその子が感じられたら、子どもの集団の力を信じてポンと飛び込むことも大切です。（相磯友子）

47 重い知的障害のあるカイトくん

　カイトくんは重い知的障害があり、日常生活全般に保育者の介助が必要です。玩具や遊具などには、ほとんど興味がなかったのですが、大人（保育者）に対しては、自分から近づいて顔を覗き込みながら体全体を動かし、大きな声をあげ、喜びを表現していました。一方、担任がほかの友だちを抱っこしたり遊んだりしていると、急に怒り出し、その友だちの髪の毛を引っ張ったり叩いたりして、ヤキモチを焼いているようでした。

どう考える　カイトくんが一番よい姿で式を迎えられるように

　いよいよカイトくんも卒園式の時期を迎えました。長時間じっと座っていることが苦手で、たくさんの人を見ると興奮しやすく、奇声をあげてしまいがちなカイトくんです。みんなの前で立派に落ち着いて参加できるよう、無理なく参加できる工夫について保育者で話し合いを重ねました。座る場所は、興奮したらすぐに外に出られ、戻ってきやすいことを考え、会場の出入口の近くにしました。

① 卒園式の工夫

担任がカイトくんのすぐ隣に寄り添い、安心していられるようにしました。修了証書の授与の順番も、待ち時間を少なくするために、最初にもらえるように変更しました。

1人ではまっすぐに歩けないので、担任と手をつなぎ、卒園証書をいっしょに受け取り、そのまま退室してほかの部屋で過ごし、式の最後の歌のときにまた、席に戻るようにしました。

② 練習でクリアしていく

式の練習では、ほかの子どもが式の進行に慣れ、落ち着いてしずかに参加できるようになってから、カイトくんも参加することにしました。

クラスの仲間は、カイトくんが騒がしい場所やじっとしていることが苦手なことを、よく理解しています。カイトくんが修了証書を受け取ったら、そのまま退出してほかの部屋で過ごすことに違和感を感じなかったようでした。当日、カイトくんは、やはりいつもと違う園の雰囲気と、たくさんの人たちで少々興奮気味ではありましたが、いつものように笑顔いっぱいで参加することができました。

（千葉市宮野木保育所・古宮章江）

☆インクルーシブ保育の視点

卒園式は、ふだんの生活と大きく異なるので、どの子にとっても不安が高まります。練習を重ねても、知的障害などがある子どもにとっては、見通しがもちにくく、大きな負担になります。このような場合、その子にとって無理のない形で参加するという観点から、その子の位置や役割、待ち時間を減らす工夫、保育者の位置などを検討します。こうした検討は、実はどの子にとっても負担を減らすことにもつながることがあります。たとえば、「待ち時間を減らす」のはどの子にとっても必要です。大人のあいさつは長すぎないでしょうか。式次第もシンプルに整理できる部分もあるかもしれません。

一方、保護者との連携も欠かせません。場合によっては、参加する時間の短縮、一時的な退席など、結果的にその子は部分的な参加になることもあるため、事前に保護者とよく相談しておくことが大切です。また、お家で子どもと昨年の卒園式の様子のビデオなどを見てもらうこともよいでしょう。その子にとっての見通しや安心感につながることもあります。（高倉誠一）

48 軽い知的障害があるシュンくん

　シュンくんは、軽度の知的障害があり、興味のあることは集中して取り組みますが、興味がもてない活動だと仲間といっしょに活動することが苦手です。しかし、年長になると、もうすぐ小学生になるという気持ちと自覚が芽生え、だんだんと、仲間との活動に参加したり、同じ場所にいることができるようになってきました。しかし、お互いの思いが違ってしまったり、思い通りにならなかったりすると、怒って飛び出したり、壁を蹴ったりすることもまだあります。

どう考える　卒園式のプログラムを参加しやすく見直す

　5年間の園での生活で、ずいぶん成長したシュンくんですが、まだまだ、長時間の活動は苦手です。卒園式のように長い時間じっとしていることは、大きな負担ですから、準備段階、練習の段階から、なるべくシュンくんの負担を減らすことを意識しました。

　卒園式のプログラムを見直して、時間や、祝辞人数などを減らす工夫は、結果的に、ほかの子どもたちの負担も減らすことにつながりました。日常とは違うハレの式ですから、どの子も緊張感はありますが、無理なく、のびのびと参加でき、「その子の成長の姿」を参加者全員が実感できる式をめざしました。

① 様子を見ながら、子どもの負担を減らす

シュンくんは、活動が長時間になると「疲れた」「もう終わり」と言い、その場を離れようとします。そこで、予行練習では、練習の直前まで自由に遊んでいいことにしました。

練習では、全員並んでからシュンくんを呼び、だれの後ろに並んだらよいかをしっかりと伝えました。前から証書を受け取っていきますが、その受け取り方を見ることで、シュンくんも次第に理解していきました。

はじめは、歩く場所、止まるところを保育者に確認していましたが、最後まで参加できました。

② 何度もくり返して、寄り添いつつ励ます

卒園式に出席する年長児の数が多ければ、どうしても集中できる時間がオーバーしがちです。シュンくんにとっても、ほかの友だちが証書を受け取るのを見る時間や祝辞などを聞く時間は、集中力の限界を超えてしまうことがあるので、保育者が見える位置にいて目を合わせたり、きちんと座っている姿をほめたりする対応をくり返しました。当日の保護者席は、子どもたちが安心して参加できるように、子どもの席の真後ろに設定しました。シュンくんの保護者には、当日までの練習の様子を伝え、安心して当日を迎えてくれるように話しました。加えて、当日どんなことが起こるか予測できないこともあるので、後ろにいて見守ってもらえるようお願いしました。

本番では、シュンくんは、多少疲れは見えましたが、最後まで座っていることができました。

（千葉市宮野木保育所・相原和枝／安田ゆりか）

☆インクルーシブ保育の視点

しずかにじっとしていることの多い卒園式は、幼い子どもにとって、はじめての経験であり、どの子にとっても負担を伴います。とくに多動的な子どもにはハードルの高い活動です。待つ時間がどうしても長くなりますので、子どもたちが「待つことができるようにする」という観点から、大人のあいさつの時間の短縮、プログラムの持ち方や、証書等の受け取り方も含めて、再検討してもよいでしょう。また、式では、決まった動きが多くなります。子どもの立ち位置や、座る位置、証書をもらう位置、歩く場所等に目印をつけておくことは、どの子にとってもわかりやすい手立てとなります。ある園では、園長先生が歩いて、子どもに一人ずつ証書を渡しに行くとのことです。卒園式は、保育者自身が経験した式をイメージしやすいですが、どの子もよい姿で参加できる式にするという観点から、形式にとらわれずに再検討してもよいでしょう。（高倉誠一）

49 見通しがもてず緊張するルイくん

　ルイくんは、幼稚園生活3年。いつもの生活の流れと様子が違うことや、はじめてのこと対して見通しがもちづらく、理解するまでに時間がかかります。友だちの行動に刺激を受けやすく、とくに緊張する場面では、ふざけたり、友だちをからかったりと、わざと人の嫌がることをしてしまいます。せっかく仲よくなっても、友だちの気持ちを理解することがむずかしいため、遊びが続かなかったり、友だち関係が発展しないことが多々見られます。

 どう考える **本人のがんばりを応援する**

　卒園式の1週間前の練習のときのことです。在園生と対面して座るはじめての経験にも興奮し、周りの友だちにちょっかいを出しましたが、いざ自分の番になり、卒園証書を受け取りに歩き出したときの表情は真剣でした。自分の番を待つ間も緊張していましたが、何とか証書をもらい席に戻ることができました。本人なりに友だちのまねをして、証書を受け取ることをがんばっている様子でした。なんとか本人が落ち着けるようさまざまな手立てを保護者も交えて相談しました。

① 保護者と連携して対応を考える

練習では、卒園式当日と同じセッティングにし、ルイくんの当日の見通しをもちやすくしました。保護者に練習でのルイくんの様子を伝え、ルイくんが安心して当日を迎え、落ち着いて行動できる方法をいっしょに考えました。

留意したのは、ルイくんの卒園への思いを、保護者と共有することでした。相談の結果、当日の朝、少し早く園に来てもらい、会場の様子を事前にいっしょに見てもらったり、保育者といっしょに式の進み方を確認することにしました。

② 落ち着かせる声がけをする

ルイくんが刺激を受けすぎないような入場の順番や、ルイくんの座る席の位置を工夫するとともに、保育者が近くに座り、興奮しすぎる前に声をかけ、落ち着けるような配慮をおこないました。

クラス全体には、「みんなドキドキして緊張するかもしれないけど、大丈夫。少しくらい失敗しても、やり直すこともできるから安心してやってみようね。友だちのことも、失敗しても笑ったり、違っていることも教えてあげなくても大丈夫だからね。心のなかで応援しようね」と伝えることで、ルイくんの様子を見守るように伝えました。

卒園式当日。ルイくんは、少し緊張し、ふざけたような言葉も言ってしまう場面はありましたが、止められないほどにはなりませんでした。卒園証書も落ち着いてもらうことができ、ルイくんも保護者も保育者もほっとするとともに、上手にできた喜びを分かち合うことができました。

（千葉市愛隣幼稚園・地引優子）

☆ インクルーシブ保育の視点

不安感や緊張感が高い子どもは、単に情緒面だけの問題でなく、活動に見通しをもちにくい面をあわせもっていることがあります。活動への見通しがもてないために、不安になったり、落ち着かなくなってしまうのです。

式への見通しはどの子にとっても必要です。子どもたちと前年の式の様子をビデオで見たり、子どもたちに式次第などのプログラムをわかりやすく伝えるなどの工夫をします。また、保護者にも早めにプログラムを伝え、家庭で話題にしてもらってもよいでしょう。式は失敗してはいけないという緊張を伴うものです。子どもたちの緊張感が高まらないよう、「失敗してもいいんだよ」という雰囲気をつくっていくことも必要です。（高倉誠一）

50 自分の気持ちを表現することが苦手なサクラちゃん

　年長になり、園での生活を楽しんで友だちや保育者にも心を許して過ごすようになっていたのですが、卒園の動きがはじまると、そわそわ、イライラが多く見られるようになってきました。「幼稚園つまんないから休みたい」と口にすることもありました。卒園式の練習がはじまりましたが、サクラちゃんは練習を嫌がります。

子どもの本当の気持ちは？

　当初は、慣れていない式の形式やそこで話されている内容に対して混乱があるのではと考えました。しかし、どうやらそれだけではないと感じさせる姿が日に日に出てきました。真面目に参加している友だちに対していすを引っ張ったり、歌を歌うときには大声を出したり、ふらふらと歩き回ったり落ち着かない様子です。どうやら卒園式の練習が嫌なのではなく、卒園式を迎えることが嫌なのだということがわかってきました。

　サクラちゃんは、困難にぶつかったとき、人やものに気持ちをぶつけて発散させる方法と、忘れて切り替える方法、この2つの方法を使い分けているようでした。

　そこで、なぜ、卒園式の練習で困ってしまったかをサクラちゃん自身から聞くことで、サクラちゃんが自分の気持ちに向き合えるのではと考えました。1対1でサクラちゃんの話をじっくり聞き、どうすればいいかの話し合いを重ねました。だんだんとサクラちゃんの気持ちがわかってきました。

② 子どもの気持ちをクラスの友だちに伝えて共有する

　サクラちゃんと話し合ううちに、サクラちゃんは「卒園＝すべて終わり」と考えていることがわかってきました。今までの楽しかった生活がすべて終わるということと、小学校入学という不安が大きくなり、落ち着かなったようでした。卒園後の生活への不安は、クラスの子どもたちにも見られました。そこで、サクラちゃんの不安をクラスのみんなにも話し、卒園は終わりではなく、はじめの一歩だと話しました。卒園後にもし園を思い出したらいつでもおいで、とも伝えました。

　サクラちゃんの不安をみんなで共有でき、クラスの子たちはサクラちゃんの仲間でありいっしょに式をしたい思いを伝えたため、サクラちゃんはずいぶん落ち着き、その結果、卒園式も立派に参加することができました。

（千葉市愛隣幼稚園・鈴木仁美）

☆ インクルーシブ保育の視点

　子どもは自分の気持ちや思いを表現することが苦手なため、つい行動面ばかり見てしまいがちになります。とくに、子どもに障害があると、どうしてもその子の「障害」に目が向きがちで、その子がもつ「気持ち」に思いが至らなくなってしまうこともあります。

　障害の有無にかかわりなく、幼児期は、どの子どもも自分の気持ちの整理や思いを表現することが苦手です。だからこそ、子どもの立場に立って気持ちに寄り添い考えることが大切です。また、その子の気持ちや思いについて、保育者同士で話し合うことも大切です。1人では思いもつかなかった視点が得られますし、その子の対応について保育者間の望ましい共通理解をもつことができます。（高倉誠一）

第 3 章

インクルーシブ保育の基礎知識

どの子も育ち合う保育を考えるために

（1）インクルーシブ保育とは？

　この本では、障害のある子を含んでの保育を取りあげています。しかし、なぜこれが「障害児保育」ではなく、「インクルーシブ保育」なのでしょうか。インクルーシブ保育とはどのような保育でしょう。

　インクルーシブ（inclusive）とは、辞書的には、包まれている、含まれている、いっしょの、一体にしたという意味のことばです。障害のある子がほかの子たちに包まれている保育、いっしょになった保育というような意味になります。障害のある子がいる幼稚園・保育所では、だいたい子どもたちと、同じ場で、ともに過ごしますから、どの園でもインクルーシブ保育をおこなっているのでしょうか。実は違います。単に同じ場で、ともに過ごすだけでは、インクルーシブ保育とはいえません。

「障害のある子もいて当たり前」から出発する

　インクルーシブ保育を考える上で大事なのは、障害のある子もない子も、ともにいて当たり前であることから、保育をはじめることです。障害のある子はいてもよいが、いなくても当然として保育をすれば、取り組む内容もペースも、自然と障害のない子に合わせた保育になります。運動会では、リレー、玉入れは当たり前、ダンスも組み体操も、行進もどの子も同じようにおこなうことにするでしょう。このような運動会では、障害のある子は、ある競技には参加できず、形だけの参加になりかねません。障害のない子には楽しくうれしい運動会にはなっても、障害のある子には楽しくうれしい運動会にはならないのです。

　これは、障害のある子も楽しく参加できる運動会として、参加の仕方や種目がはじめから考えられていないからです。極端にいえば、障害のある子は「いてもいなくてもよい」運動会であり、そう考えている保育であるということです。インクルーシブ保育では障害のある「その子がいる」ことを前提に保育をつくっていきます。保育のあり方（内容・活動と進め方・取り組み方）が違っていきます。

どの子にもよい保育をつくる

　インクルーシブ保育を考える大事な点の２つ目は、障害のある子にもない子にも、どの子にも「よりよい保育」にしていくということです。障害のある子も取り組めて、十分に参加できる保育を進めますが、また障害のない子にももちろんよい保育をおこなうようにしていきます。今、保育現場にはさまざまな子どもがいます。障害がなくとも、発達の個人差、家庭での子育て環境の違う子、放任や貧困家庭の子、また国籍や文化、母語の違う子などです。こうしたさまざまな子たちも、障害のある子たちにも、めざす保育は、現状より一歩進んだよい保育です。障害も含め、多様な子たちへのよりよい保

育の追求は、容易ではありませんが、今、必要な保育です。こうしたさまざまな子どもたちを含み、だれも外す（排除）ことなく、子どもたち主体によい保育をめざす保育が、インクルーシブ保育です。

　多様性を認め、だれも排除せず、みんなによりよい社会をつくる考えは社会的インクルージョン（social inclusion）といわれ、最近よく耳にする共生社会の基本理念です。多様な子たちをどの子も排除せず、よりよい保育をつくろうとするのがインクルーシブ保育です。

豊かな関係性と主体的な保育をつくる

　よりよい保育の中身として、インクルーシブ保育のなかで大事にしたいことは、子どもたち同士の豊かな関係、そして、どの子も生き生きと主体的に取り組むことです。多様な子どもたちを含む保育でぜひ求めたい視点です。障害のある子もない子も、また園内のさまざまな子どもたちが、インクルーシブ保育のなかで互いの関係を育み、関係性のなかで発達をとげていきます。衝突やけんか、攻撃やいじめのような様子もそのなかで見られるかもしれませんが、一般に保育で求められる関係性の育ちの場合と同じように、（保育者も介在しますが）基本的には、子どもたちにゆだね、体験を経ながら子ども同士の育ち合いを見守ります。

　ここでいくつか注意することがあります。まず、保育者自身が、障害のある子も含め、どの子にもよい育ちを願い、子どもの思いや声にきちんと寄り添うという姿勢をもつことです。子どもの思いを察し、子どもたちの声に耳を傾けます。こうした保育者の姿勢は、必ず子どもたちに伝わり、子どもたち同士が（ぶつかり合いも含め）お互いを認め、関係を生み出す基盤になります。保育者の子どもたちを温かく公平に受け止める姿が、子ども間のよい関係を育むことにつながります。

　障害のある子がいると、加配などの形で、特別に人をつける場合があります。細やかで手厚い保育には、一定の人手は必要です。問題は、その（加配）保育者の動きと役割です。ある子どもにぴったりつく動きばかりでは、子ども同士のやりとりやかかわりに邪魔になることがあります。その子への補助や支援が必要な場合でも、インクルーシブ保育では、ほかの子とのかかわりを妨げていないか見直すことが必要です。クラスにもう１人の先生が加わる形、つまり複数の保育者が「チーム」でクラスの保育にあたるようにすれば、かかわりを妨げることなく豊かな子ども関係が生まれやすくなります。

　多様な子どもたちがどの子も自分の思いを表し、考え、友だちと真剣に何かに取り組み、子どもが主体的に園生活を送る、そのような主体的な保育を求めるのが、インクルーシブ保育でもあります。

障害よりもまずその子から

インクルーシブ保育では、障害のある子の特徴や個性、必要な配慮や支援はきちんと踏まえ、実際に個々への配慮や支援もおこないます。しかし、障害やその診断名を保育の場ではあまり問題にしません。あえて用いないようにしたりもします。それは障害のある子も園にいて当然の子なのであえて言う必要もないからです。また、障害名がついた○○ちゃんではなく、あくまで「その子」を受け止めることを重視するからです。障害名や診断名をその子につければ、自然とその視点からその子を見てしまいがちになります。あえて障害名を言わないのは、子どもに偏見がついてしまうのを意識的に避けるためでもあります。この考えは、（障害第一と対極の）子ども第一主義ともいわれます。

障害児保育や統合保育とインクルーシブ保育との違い

「障害児保育」や「統合保育」とインクルーシブ保育との違いは、つぎのようにも指摘されます。「障害児保育」にときに伴う障害を治し、改善し、欠けている能力を向上させるという考え、つまり補償主義、療育主義、医学モデル的なアプローチではなく、障害も含め不足もあれば強みやよさもある子ども・人を重視する人間主義、肯定主義、社会生活モデル的アプローチがインクルーシブ保育だという点です。また、障害を固定的な状態と見ずに、障害による困難性は変化し、生活しにくさも環境次第だという、相対的で、柔軟な障害観もそこにあります。

「統合保育」ではまず、障害のある・なしに基づきます。そこで（違いと区別を前提にした）統合の言葉を使います。すでにある保育に、障害のある子を入れる（統合する）ことになります。保育上の対応も、保育を受ける権利についても、子どもとして同等な点からはじめるインクルーシブ保育とは、はじめの基本が違うことになります。インクルーシブ保育は、この意味で、障害のある子どもが差別なく公平な保育を受ける権利を保障する保育であるといえます。 　　　　　　　　　　　　　　　　　　　　（太田俊己）

（2）障害とは？

障害のある子を含む保育が本書の内容ですが、では「障害」とはどのようなことでしょう？　最近、「障がい」や「障碍」と書いてあるのを見かけますが、なぜでしょう。また、障害とは違うのでしょうか。

障害とその原因

障害とは、何らかの原因により、生活上の困難がかなり長期に、あるいは永続的に続く状態です。生まれつきのこともあれば、中途障害といわれ、発達や人生の途上、また

病気や事故の後遺症で障害となることもあります。母胎の時期に、何かの原因で胎児が障害を受けることもあれば、出生の際、また発達途上や成人以後に生じる原因もあります。母胎内でも、父母から受け継がれた遺伝子に由来する原因もあれば、喫煙や飲酒、放射線、薬物、あるいはウイルスの侵入などが胎児に影響を及ぼす場合があります。乳幼児期の原因も、事故やけが、病気によるものもあれば、虐待による情緒障害や体・頭部の損傷、栄養障害など、劣悪な家庭環境や生育環境による場合もあります。

障害と環境による困難性

こうした個人に起きた原因による側面以外に、実際の生活上の困難は、置かれた環境のいかんによります。何かの事故で足の機能が不自由になっても、バリアフリーの環境下では、移動の困難性はかなり軽減されます。近年の障害の見方は、この生活上の困難性を重視し、さらに困難性が変わりうることをとくに重視したものになってきています。つまり、何かの原因で障害が生じても、その人にどれほど実際の生活上の困難さが伴うかを重く見ます。さらに、周囲の物理的、心理的な環境の整えられ方で、困難さがどれくらい少なくなったり、変わりうるかを重視します。個人内の原因を重視する医学モデルから、社会的環境との関係を重く見る社会生活モデルへの転換といわれます。その子に障害があっても、保育環境をどう整えるかで園生活の困難さは変わりますし、周囲の理解や子どもたちのよい関係があれば、さらに障害による生活しにくさ（困難性）は減ることになります。周囲の状況で障害のある子の困難さが変わるという障害の見方は、インクルーシブ保育での基本的な障害の見方といえます。

障害の診断

公式な障害の判断は、わが国の場合、医学的な診断があることによります。障害を診断するための医学的な基準が示されています。正確な診断には、医学的、心理学的な諸検査とその解釈、また生育歴や生活上の困難性についての問診をどのようにおこなうかなど、技術や経験が必要になりますので、専門医（児童精神科、小児科、小児神経科、整形外科など）による診察・診断が基本です。医師以外にも臨床心理士、療法士などの専門職、専門相談員、その子の日常を知る専門性の高い保育士や教師などが加わっての判定が、その子への支援を続けて検討するためにも望ましいとされます。乳幼児期に受けた診断は、発育に伴う変化や周囲のサポートによって、見直されることがあります。自閉症や ADHD などの発達障害では、状態によって、診断名が変わる場合があります。

障害の種類と割合

わが国では、法律上は、身体障害、知的障害、精神障害の３つに障害は分かれます。また、

自閉症やLD（学習障害）などの発達障害がこのなかに含まれる形をとっています。

　身体障害には、脳性まひや四肢の障害、筋ジストロフィーなどの運動障害、視覚障害や聴覚障害など感覚器官の障害、それに重い心臓疾患や腎疾患などのいわゆる内部障害が入ります。知的障害は、知的発達の遅れに伴う困難性がある障害で、知能検査結果と日常生活の支援の度合いから判定する障害です。精神障害は、うつ病や統合失調症が代表的なものです。このほかの幼児・児童期の障害には自閉症、ADHD、LDなどの発達障害、言語障害（言葉の遅れや発音の歪み、吃音など）、情緒障害（粗暴、被虐待、被いじめ、不登校園）などがあります。

　『障害者白書』（内閣府）では、障害児・者人口は、上記の身体、知的、精神障害を合計して約6％程度としています。一方、国際的には障害者の人口は、10％程度といわれています。人数が多いといわれる発達障害、また各障害の障害程度の軽い人たちを含めれば、もっと多く見込まれそうです。

　いったい障害者の数は、増えているのでしょうか、減っているのでしょうか。医学や福祉、保育と教育など各分野での障害への対応が進み、最近は、障害が軽く、少なくなったとの声がある一方、医学ほかの分野の発展によってかえって障害児・者が増えたと考える人もいます。それは、以前は育てられなかった程度の重い障害者が増したり、障害に関する社会的理解や判別力があがったりした結果、障害が早くから気づかれ、結果的に、社会が認知する障害のある幼児・児童が増したと見る見解です。これについてまだ正確なところはわかっていません。

「障害」という言い方

　これまでの歴史から「障害」には偏見や差別意識を伴うことがあります。このため「障害」という表記自体が、「害する」と混同され、偏見を招くので問題だなどの意見が現れました。これを背景に、自治体によっては「障がい」と「害」を使わずに平仮名表記を入れる例や、「障碍（しょうがい）」を用いる例が見られています。また、障害児や障害者といった言い方をせず「障害のある子」、自閉症児ではなく、「自閉症のある子」と表記するのも、障害と子どもを一体に見る言い方を避ける意図があります。こうした子どもや家族の人権を尊重し、偏見を助長しない姿勢もインクルーシブ保育では大切です。　（太田俊己）

（3）新しい障害観

力の発揮を支える「環境」を重視する

　「障害」を捉えるとき、一般的には、「障害はその人のなかにある」と考えるのではないでしょうか。たとえば、視覚障害の人がいれば、その人の「目」に障害があると考えます。車いすを使っている身体障害の人がいれば、その人の「足」に障害があると考え

ます。

　一方、めがねやコンタクトレンズをしている人を、「障害がある」と考えるでしょうか。考えませんね。社会生活上まったく困っていないからです。近視だとしてもだれからのサポートもなく生活できているからです。しかし、めがねやコンタクトレンズが手に入らない環境に置かれたらどうでしょう。たちまち社会生活が差し支えます。車の運転はおろか、勉強や仕事もできにくくなります。生活していく上でほかの人からのサポートが必要になってくるかもしれません。

　このように考えていくと、その人の社会参加もその人のもつ力の発揮もそれを支える「環境次第」ということになります。

新しい障害観と対応の変化

　こうした動向を踏まえ、2001 年に国連の WHO が採択した ICF（国際生活機能分類）では、障害を捉える要素として「環境因子」を明確に位置づけました。社会参加も、その人の能力の発揮ももちろんですが、「健康状態」でさえ、環境に左右されるというのです。医療的ケアが行き届いている国・地域とそうでない国・地域では、その人の健康状態も異なってくるということです。要は、「障害」とその影響は環境により、大きくも小さくもなるということです。

　こうした考え方が広まるにつれ、障害のある人への対応も変化してきました。障害の問題を個人の属性と捉えれば、障害の軽減・克服はその人を変化させるという対応になります。だから指導・訓練に汲々とし、障害のある人に大きな負担を強いてきました。一方、障害の問題は力の発揮を支える環境にあると捉えれば、変えるべきはその人を取り巻く「環境」ということになります。

新しい障害観の「支援」とは

　障害のある子への支援を、その子の苦手なことやできないことを、できるようにサポートすると考える人がいます。しかし、もっと大きく捉え、「どの子も参加し、力を発揮できる状況を用意する」というように考えることも大切です。たとえば、運動会では、これまでの全員いっしょのダンスを、「それぞれの子どもの見せ場を工夫しよう」と考えれば、障害のある子どももずっと参加しやすい運動会になります。

　どの子も活躍する状況づくりが、これからのインクルーシブ保育では、ますます重要視されるはずです。　　　　　　　　　　　　　　　　　　　　　　　　（高倉誠一）

（4）どこまでが「障害」か

　「障害」は曖昧だといわれます。その「障害」の曖昧さには主に 2 つの種類があるよ

うに思います。

　1つ目は、その子のやりにくさや困難さが障害によるものなのか、そうでないのか判断がむずかしいという曖昧さです。たとえば、乳幼児期は、障害によるものか、ゆっくりと発達する個性なのかの判断がむずかしいことが少なくありません。また、障害以外の背景、たとえば、外国をルーツにもつ子どもの場合、日本語がわからないのか、発達に遅れがあるのか、わかりにくいことがあります。

　2つ目は、障害のある子への見方は、障害のある子と集団・社会との関係によって変化するからです。たとえば、自分の思ったことをすぐに声に出してしまうＡちゃんに対する評価はしばしば2つに分かれます。保育者の話をみんなで聞く場面では、Ａちゃんの発言によって保育者の話が途切れ、スムーズな進行にはマイナスになります。一方で、Ａちゃんの発言で、保育活動が思わぬ方向に発展的に展開することもあります。Ａちゃんの行動が、ある集団や社会のなかでは「障害」となることも、別の集団や社会では「障害」とならないこともあります。

　障害のある子への見方やその子と集団・社会との関係に多様なバリエーションがあることは、障害のある子を「困った子」「いつも援助の必要な子」という位置に固定化せず、その子なりのよさを発揮することにつながります。

Ａちゃんのしたい生活から考える

　その子のやりにくさや困難さが、障害によるものであると判定された場合、その子のやりにくさ、生活のしにくさが、環境構成によってどうしたらやりやすくなり、生活しやすくなるのかを考えます。その際、「障害のあるＡちゃんの障害名は何だろう」「こういう障害のときはどのように支援したらよいのだろう」と考えるのではなく、まず第一に「Ａちゃんが生活しやすくなるためにはどうしたらよいのだろう」「楽しく活動に参加するにはどうしたらいいのだろう」と考えます。

　はじめに、園での生活や活動がＡちゃんのしたい生活か、参加したい活動かを考えます。Ａちゃんの好きな遊びや活動を保育活動の中心に据えることで、新しい活動が展開していくこともあります。また、活動の参加の仕方も、参加の形ではなく目的や目標を共有しながら、クラス・園全体でその子なりの参加の仕方を探していくことが大事だと考えます。

トラブルや摩擦も当然として

　そもそも、障害のある子のいることが当たり前のクラス・園では、さまざまなトラブルが起こったり、子ども同士の摩擦が生じたりしても、そのことを避けたり、なくさなくてはならないことだと考えません。それも当然のことと受け止めます。そして、トラブルや摩擦も保育活動の発展や、子どもたちの成長を生む要素と考えます。（相磯友子）

(5) 発達障害とその診断

　近年、知的障害のない発達障害の存在が注目され、広く知られるようになりました。「どうも、Aちゃんはみんなと行動が違う」「ほかの子と比べて落ち着きがない」「ほかの子と同じように接しているのにうまく伝わらない」などの特徴から、「もしかしたら、発達障害？」と話題になるケースが増えています。聞く・読む・書くなどの能力のうち特定の課題に極端な苦手さを示すLD（学習障害）、同じ年齢の子どもに比べて不注意性や衝動性、多動性などを著しく示すADHD（注意欠陥多動性障害）、相手の気持ちを察することや周りの状況に合わせるのが苦手なアスペルガー症候群を含む自閉性障害などです。

　2012年の文部科学省による調査では、こうした子どもたちが小・中学校の通常学級に約6.5％在籍していると推計されています。これは、15、16人の子どもに1人の割合になります。こうした発達障害は、いずれも脳機能に何らかの問題があると考えられていますが、実は、こうした発達期の脳機能に関する障害の判断は、機能の判定が微妙なだけにとても「曖昧」なものでもあるのです。

幼児期の診断のむずかしさ

　知的障害を含む脳機能に関する障害のほとんどは、現在の医学では詳しい原因が特定できません。そのため、たとえば、上記の調査の場合は、「気が散りやすい」「手足をそわそわと動かし、またはいすの上でもじもじする」などの行動をリスト化して、チェックする方法をとっています。

　しかし、こうした行動の背景には、その子が置かれた状況や環境の影響も強くあります。さらに、年齢が小さいほど、その行動は環境の影響を受けやすいものです。休み明けの月曜日になると、どの子も落ち着かないということはよくあります。部屋の湿度や温度の違いでさえも、子どもたちの行動は変わります。

　加えて、幼児期は、発達の個人差がとても大きい時期でもあります。そのようなことがあって、発達障害の確定的な「診断」がなされるのは、多くは学齢期になってからとなります。

（高倉誠一）

(6) 「気になる子ども」と発達障害

　保育・幼児教育の現場で「気になる子ども」という言葉が広く使われるようになりました。「気になる子」は、①障害の診断はされていないものの、②保育者にとって保育がむずかしい子ども、という意味で使用されることが多くなっています。

　研究の領域では、「気になる子」という用語は、1980年代から保育の文献で使用されるようになり、90年代になると保育現場での「気になる子」に関する研究が増えました。

2000年代に入ると「気になる子」と発達障害の関係が検討されるようになってきました。
　発達障害が広く知られるようになる一方で、発達障害の診断がむずかしい乳幼児期の子どもに対して、障害の診断はつかないものの、保育上の困難さのある子どもとして「気になる子」という言葉が使用されている側面があります。

「気になる子」の背景を丁寧に見る

　行動レベルで捉えられることが多い「気になる子」ですが、その行動には、さまざまな背景があります。考えられる背景は、主に5つです。
　1つ目は、発達障害の可能性です。乳幼児期にすぐに発達障害と診断されることはむずかしいため、その子の行動やほかの子どもたちとのかかわりから「気になる子」と見られることがあります。
　2つ目は、被虐待の可能性です。虐待されていることにより、「気になる子」と似たような行動特性を示すことがあります。
　3つ目は、貧困です。家庭で食事が十分にとれていなかったり、生活リズムが不規則であったり、生活習慣が身についていなかったりすることがあります。
　4つ目は、複雑な家庭環境です。両親の不在というよりも、安定した人間関係を結ぶことができない家庭環境のなかで育つ子どものなかに、気になる行動を見せる子がいます。
　5つ目は、外国をルーツにもつ子どもや文化移動の経験のある子どもです。両親のいずれかが外国にルーツのある子ども、また外国から日本に来て間もなく入園してきた子どもの場合、日本語がわからないことからトラブルを起こすことがあります。加えて、日本の園での生活の仕方、あるいは子ども同士や保育者とのかかわりのもち方が文化や社会によって異なることから、「気になる子」として映ることがあります。
　ときには、上記の背景が複雑にからみ合っていることもあります。気になる子への支援を考えるときには、気になる行動をその子の要因によるものと見るのではなく、その子の置かれた環境や生育歴などの背景を丁寧に見ていき、その子自身とその子の背景の両面を理解することからはじめてほしいと思います。

「気になる子」を集団の関係性のなかで見る

　「気になる子」とそのほかの子どもたち、また保育者との関係の変化について長期的に観察した刑部育子（1998）の研究では、保育者と「気になる子」との関係、そしてほかの子どもたちと「気になる子」の関係は連動的に形づくられ、「気になる子」はじょじょに居場所をなくしていったことを見出します。そして、保育者間で「気になる子」への見方を変化させ、新しく入園してきた子と「気になる子」が連合を組んだことが、保育者やほかの子どもたちとの関係に変化を引き起こし、保育実践の共同体全体が変容

するなかで、「気になる子」が気にならなくなっていくというプロセスを描き出しました。

　刑部の研究は、「気になる子」に焦点を当てて支援を考えていくというこれまでの保育観を問い直すものとしてとても示唆的です。「気になる子」に焦点を当て支援を考えていくことが、かえって「気になる子」としての見方を固定化させていないか振り返る必要があるでしょう。そして、「気になる子」の能動性を生かし（刑部の研究では、気になる子が新入園児と連合すること）、保育者、そのほかの子どもたちとの関係性を変えることで、「気になる子」が、園やクラスのなかに自然に溶け込めないか、支援のあり方を考える手がかりになります。　　　　　　　　　　　　　　　（相磯友子）

参考文献：刑部育子,1998,「『ちょっと気になる子ども』の集団への参加過程に関する関係論的分析」発達心理学研究,9,1-11

（7）発達障害の子への保育

　場面の切り替えが得意ではない子や、とても活発な子と出会ったときに、発達障害では？　という考えが保育者の頭をよぎります。ADHDには多動や衝動性、不注意傾向などが見られ、自閉症スペクトラムにはイメージのしにくさなどがあり、学習障害では学習の一部が著しく苦手など、さまざまな情報が聞かれます。しかし、それらの特性と、当事者の「生きづらさ」とは別物です。インクルーシブ保育の保育場面では、そうした障害の情報とは別にその子の生きづらさに向き合い本人にも周囲にも生きづらさを感じさせない生活づくりや遊びの展開を大切にしたいものです。

保育者の見方を捉え直す

　杉山登志郎（2011）は、発達障害とは発達凸凹に適応障害が加算されたグループ（発達凸凹＋適応障害＝発達障害）と定義しています。すなわち、個として発達の凸凹があって、そこに周囲への適応の可否が発達障害を決定づける、という見方をしています。

　たとえば、どうしてもホールに入りたがらない子の場合、個の発達凸凹としては、聴覚過敏（ホールの反響音がわたしたちの感じる以上に響いて聞こえていたたまれない状態）があるかもしれません。それを保育者が受け入れて、その子なりの参加の仕方を工夫するなら、その子の適応障害は保育の展開上ほとんど表れないこととなります。

　一方で、ホールに入ることが参加の前提という方針で対応を進めると、その子はホール活動では常に適応障害を起こしていると保育者や周囲の子どもたちから認識されます。つまり、保育者の見方次第で、その子の状態像が大きく左右されます。

　「その子が問題行動を起こす」という視点からではなく、「その子の行動が問題として映る何かの要因がある」と想像をめぐらせます。この見方を意識的にすることによって、園の物的環境や保育内容、展開の方法などの見直しが図れるでしょう。本人や周囲への言葉かけも、否定的なものから肯定的・共感的へと変わっていきます。子どもへの肯定

的な見方と働きかけは、周囲の理解不足が引き起こす「二次障害（うつなどの気分障害や不登校など）」の防止・抑止にもつながります。

園全体で支える

　発達障害の子への保育で重要なことは、まず保育者がその子の「味方」になるということです。それを園全体に広げていきます。肯定的な見方や働きかけが、担任の先生のみでとどまってしまい、その方向性や具体的な配慮事項などが園全体に行き届かなければ、その子の過ごしにくさは状況に左右され、混乱することになります。園全体で情報・意見交流できる時間を確保し、その子にかかわるすべての人が一貫した態度で接することのできる状況をつくることが重要です。また、地域の特別支援学校、小学校などの「特別支援学校のセンター的機能」や平成24年度に創設された「保育所等訪問支援」と連携し、園としての支援内容・方法を検討するのも1つの方法です。　　　（広瀬由紀）

参考文献：杉山登志郎,2012,『発達障害のいま』講談社現代新書

（8）自閉症って？

　自閉症は、幼稚園・保育園でよく話題になり、そして保育現場で出合うことの多い障害です。その傾向がある場合も含め、自閉症タイプの子どもたちは保育現場でよく見かけるタイプの子たちです。
　医学から見た自閉症の特徴は、①コミュニケーションや対人関係の障害、②ものなどへのこだわり（固執）、③いろいろなパターンの奇妙な癖など行動上の問題です。知的発達に遅れのある子もいれば、知能に問題はないといわれる子もいます。しかし、これらの特徴は、あくまで医学的に見た特徴で、困難で「できない」面からの診断のための基準です。保育の現場が大事にしている、子どものできる面やよさ、個性に注目する視点ではありません。
　子どもからスタートする保育の視点からは、こうした否定的な子どもの見方はなじみません。つぎのように見たらどうでしょう。
　自閉症の子は敏感で、何かに強く興味を向けることもあれば、子どもがふつう関心をもつことに無関心だったりします。関心があるのか、聞いているのかもはっきりしない、「つかめない」感じがあります。しかし、そうした感じも含めて肯定的に、「いつもマイペースを大事にしたい子」として捉えます。マイペースでいたい子、みんなでやるより、同じにやるより、マイペースでやりたい子と理解します。
　「いっしょにやろう」「みんなと楽しもう」には関心がなくても、自分なりにやりたいのかもしれません。コミュニケーションや会話ではわからないように見えても、自分なりの意思や希望は出したりと、この面でもマイペースな子なのです。

ペースを大事に、少しずつ変えて

もし年少児や入園したての子がマイペースならば、それは保育場面では受け止めるべきことです。その子のペースを大事に、次第に友だちと無理なく、よい体験が味わえるよう進めていくに違いありません。自閉症の子の場合にも、同じように進めていく「ステップ」が必要ではないでしょうか。

ただ、自閉症の子では、個々のペースに幅があります。一人ひとりが個性的です。一貫して堅くペースを守りたがる子もいれば、動揺し、敏感で、ペースが揺れてしまう子もいます。あまりに頑ななマイペースの子には、少しずつペースを変更する対応が必要かもしれません。変化や音、食べものなどに敏感で動揺しやすいタイプの子は慎重に、一部でも友だちとやっていけそうな子にはよい体験をという具合に、その子、その子の特徴を見極めながらステップを踏みましょう。

マイペースな子は、急に変化する状況が苦手だったりします。自閉症の場合も、人が変わる、ものの置き場所や日課が変わる、またいつもと違う行事などの際は、イライラが募ってパニックを起こしたり登園を嫌がったりします。なるべく変更する幅を最小にし、なじんでいる部分は変更しないとか、変わる部分を先に説明するなどの対応がよさそうです。そして、少しずつでもその子のペースの幅を広げていくサポートを心がけていくことが大事です。

保護者を支援する

自閉症の子は、早い時期から気づかれます。幼児期に行動上の問題が現れるので、発見されやすいためです。そのため、幼児期の保護者は、早い時期から苦労をすることが少なくありません。幼稚園や保育所のだれかが、家庭での大変さや悩みを保護者から聞き、受け止めるだけでも、家族には大きなサポートになります。就学後も、学校で孤立し、悩む家族、子どもは少なくありません。卒園後も相談できる園や保育者であると、救われる家族は多いはずです。幼児期を支えた保育者だから、その後のよき相談者になることもできるのです。

（太田俊己）

（9）ダウン症って？

ダウン症は、染色体異常による生まれつきの障害です。国や民族などの違いにかかわらず、800 〜 1000 人に 1 人の割合で生まれる可能性が報告されています。ダウン症の特性として、筋肉の緊張度が低く、多くの場合、知的な発達に遅れがあることがあげられます。また、発達の道筋は通常の場合とほぼ同じですが、全体的にゆっくり発達します。ダウン症のなかには、心臓や目、耳などの病気や障害を併発することもあります。染色体はたくさんの遺伝子情報をもっていますので、その異常の程度によって、さまざまな

身体的な症状や障害の程度が現れます。

保育で気をつけたいこと

　ダウン症の子は、筋力が弱い、筋肉がやわらかいなどの特徴があります。発育がほかの子と比べてゆっくりで、また体力的にも弱い場合があります。目や耳、心臓などに障害を伴うこともあります。乳児期からの保育では、「みんないっしょ」で一斉の保育を進めるのではなく、一人ひとりのペースや体調に配慮しながらの保育展開が望まれます。本人なりのペースを大切にしながら保育を進めます。

　顔立ちや体つきなど年齢より幼く「かわいい」と感じられる要素がダウン症の子にはあります。しかし、その思いは心のなかにとどめておいて、その子の生活年齢に合った接し方を意識し、必要以上の手助けはおこなわないようにします。

　ダウン症の子のお世話をしたがる子もよく見られます。周囲の子に対して、「お世話した」ことをほめるのではなく、「お互いに必要に応じて支え合う」ことの大切さを教えます。また、「A ちゃんは、ここは 1 人でできるから（時間がかかっても）見守っていてね」など、本人ができることは認め、自分ですることの重要性を話します。

　人が好きで明るい性格の面がある一方、ふとした場面で座り込んで動かなくなることがあります。こんなときは、伝えたいこと、訴えたいことがあるというサインと受け取ってください。ダウン症の子のなかには、知的発達の遅れを伴うケースや、口やあご、耳などの発語に関連する器官にも困難を伴っている場合があります。伝えたいことはあるのに伝わらないもどかしさは、わたしたちの想像を超えるのかもしれません。

保護者や他機関と協力して

　ダウン症は、心臓や目、耳などに病気や障害を伴うことが多く、医療・療育機関などがその子の育ちにかかわっている場合があります。保護者、園、他機関がそれぞれの立場から、必要な情報を共有し、その子をみんなで後押しできるような支援体制や方法を模索していくことが望まれます。

　一方で、「専門機関にかかっている」から、保護者が「その子の障害を受容している」とは限りません。専門機関にかかっているが、現実を受け止め切れず、不安や悩みを抱えている場合もあります。日常的、継続的にその子の保育に携わる保育者は、保護者のさまざまな感情を考慮して対応する必要があります。　　　　　　　　　（広瀬由紀）

（10）脳性まひって？

　脳性まひは、「受胎から新生児期（生後 4 週間以内）までの間に生じた脳の非進行性病変に基づく、永続的なしかし変化しうる運動および姿勢の異常」とされています（高

津ら、1968）。早産や低出生体重、新生児仮死など何らかの原因で、出生前後に脳の一部が損傷を受けることにより、体の動きをコントロールしにくくなったり、バランスや姿勢を保つことがむずかしくなったりします。また、脳の損傷によって、てんかん、知的障害、視覚や聴覚などの感覚障害、言語障害など複数の障害を伴うこともあります。脳性まひには、手足がつっぱったりこわばったりする痙直型、手が余分に動く不随意運動を伴うアテトーゼ型、バランスが取りにくい失調型など、いくつかのタイプがあります。

　この障害の発生率は、重度から軽度の障害まですべて含めると、赤ちゃんの出生1000人あたり2人程度です。

生活の場ならではの「よさ」を生かす

　脳性まひは、出生後比較的早期から医療機関や療育機関がかかわります。保育所や幼稚園に通う子どもでも、医療機関や療育機関に通いながら保育所などに通う、いわゆる「並行通園」をする子どもも大勢います。

　医療機関や療育機関では、リハビリテーションの側面から専門的にその子の障害の軽減に取り組みます。一方、保育所や幼稚園では、障害の改善よりも、むしろ遊びなどを通してのその子の力や思いの発揮や、子ども同士のかかわり合いを通しての育ち合いなど、生活の場ならではの「よさ」を生かした保育を心がけることが大切です。

　保育所や幼稚園では、その子が主体的に生活や活動に参加し、その子のもつ思いやその子のもつ力が存分に発揮できるようにすることこそが大切です。これは障害の有無に関係なく、どの子にも共通しています。

子どものサポート

　脳性まひには特有のハンディーがありますから、特別な支援・配慮が必要になります。安全面・健康面の配慮を前提に、活動のなかで、その子自身が「できた！」「やれた！」「もっとやりたい！」「やってみたい！」と感じることができる体験を増やしていきます。

　また、ほかの子どもたちも保育者の姿を見て、子どもたちなりに考え、その子を応援しようとします。しばしば、思いがけもしない子どもたちの素晴らしい対応に出合うこともあります。障害のある子がいることで、子ども同士で育ち合う関係も育まれます。

（高倉誠一）

（11）ユニバーサルデザインなどすべての子による「配慮」

　お風呂で使用するシャンプーとコンディショナーの容器には違いがあることをご存じですか？　実は、サイドやポンプ部分にギザギザがあるかないかが違うのです。ギザギ

ザのあるほうがシャンプーで、ないほうがコンディショナーなのです。

　さてこの違いは、なぜあるのでしょう？　答えは、見分けがつきやすいように、です。では、だれのために？　と問われると、おそらくこのような答えが返ってくるのではないでしょうか？

　「利用するすべての人のために」

　このシャンプーの容器は、もともと見ることに困難のある人が区別しやすいようにと開発されたものです。しかし、障害の有無にかかわらず髪を洗うときに目をつぶる人にとっては、このギザギザは助かります。このようにだれもが等しく共用できるようなデザインを「ユニバーサルデザイン」といいます。

ユニバーサルな視点を教育に

　今、このユニバーサルデザインの視点を、教育現場に取り入れていこうとする動きがあります。たとえば、東京都日野市では「どの子も参加しやすい学校、わかりやすい授業」をめざした取り組みが、市内の公立小中学校でおこなわれ報告されています。ねらいを先に伝えて、子どもが授業全体を見通せるようにしてからおこなう授業、また目で見てわかる板書や教室環境などが工夫され、子どもたちがより主体的に参加できる授業が展開したと報告されています。

ユニバーサルな視点を保育にも

　保育は「環境を通して」おこなわれます。保育がずっと大切にしてきている視点の1つです。環境には、クラスや園庭など目に見えるものから遊びの展開、人的環境としての保育者などが含まれます。

　日々の省察のなかに、ユニバーサルな視点を加えていくことで、さらに工夫できることが見つかるかもしれません。

●クラスや園庭の環境について
・目で見てわかる（例：トイレのスリッパ置き場に足形を床に貼って示す）
・体の動きでわかる（例：ブランコを待つときは横に置いてあるベンチに座る）
・音でわかる（例：園バスが来る5分前にいつも同じ音楽を流す）
・見通しがもてる（例：ホワイトボードに1日の予定を書く）
・気が散りにくい（例：白壁などを背景に絵本を読む）　など

●遊びの展開について
・子どもたちの「今」に合っている内容（「例年通り」で済ませない）
・「ねらい」や「参加方法」が一人ひとりに応じている（「みんないっしょ」にしない）

・見通しのもちやすい時間の流れ（長期・短期ともに）など

●人的環境としての保育者
・一人ひとりの違いを真に受け入れられている保育者
・「監視・管理者」ではなく「モデル」「ともにいる人」としての保育者など

（広瀬由紀）

（12）保護者を支える・連携する

　ダウン症や身体障害など「見てわかる障害」の場合は保護者は比較的早くから、ほかの子どもとの違いに気づきます。しかし、発達障害など、脳機能に起因する障害は、障害とわからず、トラブルがあると自分自身の子育てに問題があるとわが身を責めがちです。どこに相談してよいかもわかりません。自分の子と同じ様子を示す子がいれば、その保護者とも相談できる機会がありますが、周りにそうした子どもはなかなかいません。こうして、わかりにくい障害の子の保護者は不安を抱えたまま孤独な状態に置かれがちになります。

　「自分の子どもが園で迷惑をかけているのではないか」「子どもだけでなく、保護者からも迷惑がられているのではないか」こうした疑心暗鬼の状況に置かれがちな保護者は、周りの反応が気になります。このため保育者との関係でも、気持ちがすれ違うことが多くなります。

信頼関係は保育者のまなざしから

　保護者との連携も支援も、その前提条件となるのが保護者と保育者との「信頼関係」です。保護者と保育者の信頼関係は、障害の有無にかかわらず、子どもを通して培われるものです。保育者の子どもへの「まなざし」は親に伝わります。その子のことを「かわいい」「好きだ」「何とかしたい」と思っていれば、保護者に自ずと伝わります。そうでない逆の場合も、そのまま伝わるのが怖いところです。送迎の時間の立ち話、日々の連絡帳、こうしたちょっとしたやりとりでも、保護者は保育者の「まなざし」を敏感に感じ取っているのです。

その子への「見方」を変えて保護者の「味方」に

　どの保護者もわが子の味方になってくれる保育者を求めています。しかし、やはり気になってしまうのが障害がある子どもたちのこと。だからこそ、その子への「見方」を変えて、保護者の「味方」になる姿勢が大切になります。その子への大切な2つの「見方」を提案したいと思います。

①減点方式から加点方式の評価へ

ほかの子どもと比べると、どうしても「あれもできない」「これもできない」の評価になりがちです。だからこそ、ちょっと前の「その子の姿」と比較してみてください。きっと、「あれもできた」「これもできてきた」という評価になるはずです。小さな変化も見逃さないことが、その子のよさの発見にもなります。「その子の姿」の進歩を保護者に機会あるごとに伝えてください。

②「本当に困っているのはその子自身」

「困った子ども」ではないのです。どの子どもも仲間と仲よくしたいし、先生から認められたいと願っています。だけど、友だちに振り向いてほしくて髪の毛を引っ張ってしまう。どうかかわってよいかわからずに、不適切な行動をしてしまう。実は、その子自身どうしてよいかわからずに困っているのです。このようにわたしたちの見方を変えれば、その子へのまなざしが優しくなります。保育者ができる手立ても、今何をしたらよいか具体的に考えることができます。

その子の「見方」を変え、保護者とその子の成長を喜び合える関係になれたら、きっとよい支援になるはずです。

（高倉誠一）

（13）障害に気づかない保護者って？

障害に気づかない保護者というときには、2つの意味があります。

1つ目は、本当に子どもの障害に気づいていない保護者です。

保育者と保護者では、子どもの見方が違います。保育者は、保育園、幼稚園で集団のなかの子どもを見ますが、保護者は、家庭のなかの子どもを見ています。家のなかで子育てをしている保護者にとって、子どもが何も言わなくても、子どもが何をしてほしいのか、言葉を発しなくても察知することができるのです。もちろん、なかには、子どもが何を言いたいのかわからない、という方もいると思いますが……。

また、親やきょうだいなど自分のことをよく知っている相手とは、コミュニケーションのパターンが決まっており、それでお互いに不便がないのですが、自分のことをよく知らない人や、子ども同士の集団に入ったときに、コミュニケーションの困難さがはっきりするケースがあります。

とくに、家庭のなかでの子育てから、集団生活に入ったばかりの時期（入園後など）では、ゆっくりと発達するタイプの子なのか、障害のある子なのか判断がつかないこともあります。そのときは、複数の保育者と専門家で様子を観察する必要があります。

気づきながら認めたくない親には

2つ目は、自分の子に障害があるかもしれない、ほかの子よりも苦手なことが多いか

もしれない、ということにうすうす気づきながら、それを認めたくないという保護者です。

　保護者の子どもの障害との向き合い方はさまざまです。すぐに障害を受け入れる保護者、障害を認めたくない、認めない保護者、また障害があることはわかっている、頭では障害が治らないこともわかっている、でも治ると信じている保護者、さらに障害があることを受け入れたり、否定したりをくり返す保護者など。

　保育者は、そのような揺れ動く保護者の気持ちに寄り添いながら、目の前の課題をいっしょに考える伴走者としてかかわってほしいと思います。子どもの障害を認めたくないと保護者が思う背景には、障害のある子が生きていくのにはまだまだ厳しい社会があること、そして、そのような子たちを育てていくことが大変な現実があることを忘れてはいけません。

「あの保護者はわかってくれない」の裏にあるもの

　「あの保護者はわかってくれない」という保育者の言葉には、子どもの障害を認めた上でがんばってほしい、という保護者に対する期待が込められていないでしょうか。自閉症の息子をもつ母親である福井公子さんは、障害のある子をもつ保護者の気持ちについて「障害のある子のお母さんはがんばって当たり前、それを無言でいっていることにだれも気づかない。わたしたちは、障害がある子を育てるのが大変で絶望するのではない。『だれもわかってくれない！』わたしたちが絶望するのはそう感じた瞬間なのです」と書いています（福井，2013）。

　保育者の先の言葉の裏には、保護者が子どもの障害を認め、診断がつけば、加配の職員を入れることができるのに、といった焦りの気持ちもあるかもしれません（もちろん、そのほうが手厚い保育ができるのですから）。それでも、保護者が子どもの障害と向き合うには時間がかかることがあります。保護者にも、がんばれるとき、がんばれないときがあります。一場面だけを切り取って、「あの保護者はわかっていない」「障害に気づいていない」「かわいがっていない」と決めつけないようにしたいと思います。「そういうときもありますよね」「でも、いつも本当にがんばっていますよね」という保育者の受け止め方が、保護者の気持ちをラクにし、子どもと向き合う原動力につながると思うからです。

子どもへの「共通認識」をつくる

　子どもの障害との向き合い方は保護者によってさまざまです。その上で、実際に、生活のなかでのやりにくさやむずかしさがその子にあっても、保護者と保育者がそれを共通して認識することができ、またそれを相談できる関係であればそれでよいのではないでしょうか。保護者は子どもに障害があることに気づかない（ように見えることも含め

て）、けれども、実際にその子が生活する上でやりにくさやむずかしいことがあったときには、保育者と保護者がいっしょに考えていくことができる、そんな関係があってよいと思います。

できなかったことも伝える

その子ができなかったことやむずかしかったことを保護者に伝えるときには、どのような場面で、どういうことがむずかしかったのか、友だちとのやりとりでどういうことがトラブルにつながったのか、具体的に伝えてほしいと思います。その出来事の評価ではなく、その子がどのような思いでそういう行動をしたと思うか、という保育者の見立てを、その子の気持ちに寄り添いながら説明してください。どうしてその子がそのような行動をとったのかわからないときもあります。そのときには、率直に「わからない」と伝えてください。

子どもの行動について、こういうことが苦手で、こういうことは好き、こういうときにはこういう行動をとってしまうけれど、なぜそういう行動をとるのかはまだわからないなど、わからないことも含めて共通認識できればよいと思います。

ひとりよがりの見立てにしない

「共通認識」をつくっていくときに、気をつけてほしいのが、園での様子と保育者の見立てを伝えた後に、「おうちではどうですか？」など、園以外でのその子の様子を確認するということです。子どもについて「共通認識」をもつというときに、保育者の見立てに引き寄せていないか、保護者の意見に「そういうこともあるかもしれない」と思いながら、子どもについての「共通認識」をいっしょにつくりあげていくことがポイントです。

このように子どもについての「共通認識」ができていくと、生活する上でやりにくさやむずかしさがあっても、保護者と保育者がどうしたらよいのかいっしょに考えることのできる関係ができていきます。そして、そのような関係をつくっていくことが、障害に気づかない（ように見える保護者も含めて）保護者への重要な支援の１つになります。

保護者が子どもの障害に向き合うきっかけとは

保護者が子どもの障害と向き合うきっかけとは何でしょうか。

１つ目は、就学時も含めたいくつかの健診・検診があります。これは、どちらかというと「向き合わざるを得ない」きっかけかもしれません。しかし、保護者が子どもの障害を考える大きなきっかけとなることは間違いありません。

２つ目は、迷いながら行動するなかで、向き合っていく過程です。

親の子どもの障害受容を研究した中田洋二郎は、いわゆるドクターショッピングをすることには、親が子どもの障害を認識する過程にとって積極的な意味があるといいます（中田，2002）。

　中田氏は、ドクターショッピングをしたほうがよいといっているのではなく、ドクターショッピングは、親が子どもの進路などを主体的に選ぶために必要なこともある、と捉えているのです。同じように、子どもに合った療育を求めて、さまざまな相談機関や療育機関を渡り歩く保護者もいるかもしれません。そのときに、「困った保護者」と見るのではなく、保護者の方なりに子どもの障害に向き合おうとしているのだ、捉えたいと思います。

子どものままに受け入れる姿と出合う

　３つ目は、障害のある子どもをその子の姿のままに受け入れられている場面に出合うことです。

　中田氏の著書では、子どもの障害を認識するきっかけとして、園の先生が子どもの世話をしてくれているのを見たことをあげる母親を紹介しています。障害のある子どもを、その子のままに、第三者が受け入れている姿を実感することによって、母親は障害に向き合っていかなければいけないと認識したといいます。

　最初に、障害に気づかない保護者のなかには、気づきたくない保護者もいると書きました。その背景には、障害のある子にとってまだまだ生きにくい社会があり、そのような子どもを育てるのがむずかしい現実があるからだと書きました。ひるがえって、障害がある子を、その子のままに受け入れてくれる園・クラスがあり、保育者がいれば、保護者は少しずつ、子どもの障害について考えられるようになるのではないでしょうか。

　障害に気づかない保護者は確かにいます。けれども、その前に、障害のある子がその子のままに過ごせる園・クラスづくりができているかについて、まず考えていきたいと思います。

（相磯友子）

引用・参考文献：
福井公子 ,2013,『障害のある子の親である私たち―その解き放ちのために―』生活書院
中田洋二郎 ,2002,『子どもの障害をどう受容するか―家族支援と援助者の役割―』大月書店

（14）家庭での育ちを支えるポイント

　保育者は今、日々の子どもへの保育のみならず、家庭への支援も担っています。障害のある子や気になる子の家庭とのかかわりで、保育者との話に応じようとしない、話には応じるが行動が伴わない、インターネットなどの情報に左右されやすいなど、さまざまな保護者と出会うときがあります。

保護者の気持ちを子どもに向けることから

　保育者としては、よりよい保育をめざして、また子どものためにという思いから、保護者の対応にやきもきさせられることもあるかもしれません。しかし、保護者がまず「子どもに関心を向ける」ことからスタートしなければならないケースもあります。保護者が子どもに愛着を感じ、子どもをかわいいと思い、この子のために行動を起こしたいという気持ちになる「環境」をつくることが優先課題になるケースなのかもしれません。そのためにはたとえば、保育者がふだんの保育でその子のよい姿やかわいらしさを十分に引き出すこと、また保育場面で見せる子どもの姿と、それを引き出す保育上の配慮を保護者に実見してもらうことが効果的かもしれません。

　また、保護者とのさりげない会話を通して関係を深め、保護者の関心事や子育てに向かえない理由を探り、それに耳を傾け、保護者の見方や置かれた状況に共感することをくり返し、そして子育てにも目が向けられる「気持ち」を育てることが必要になるかもしれません。すぐには結果が出ない場合もあるでしょう。しかし、保育者の一貫した思いと働きかけが何より重要です。

保護者と連携するには

　「子どものために」を共通のキーワードとしつつも、保育者と保護者の考えが離れていると感じるときがあります。その子を真んなかにしてお互いが向き合う関係より、その子の背中を同じ方向から後押しできる間柄をめざしたいものです。その子のためには、家庭でおこなっていることや保護者が得た情報で、保育に活かせることは、積極的に取り入れてみるとよいでしょう。自分の考えを取り入れる保育者の姿を見て、保護者も保育でしていることを家庭に取り入れてみようという発想に至るかもしれません。

　また、保護者への対応でむずかしさを感じるのは、障害の「診断」が関係するときかもしれません。診断を受けることでその子の姿が変わるわけではありません。しかし、子どもが診断を受けることで、保育では保育スタッフの加配につながることがあります。これは、保育をする側のメリットにもなるものです。では、診断を受けることにより、保護者や家庭はどのようなメリットを受けるのでしょう？　またどのようなデメリットが生じるのでしょう？

　まだ現存する偏見がこの社会にあることを理解しながら「診断書」を受けてその一生を過ごす子どもや家族の状況について、保育者がしっかりとイメージをもつことが大切です。診断は障害を認めることにほかなりません。その上で診断を受けるかいなか選択するのは保護者です。人手も加わり、質の高い保育ができ、自分たちもメリットが大きいと思えば、自ら行動を起こすでしょう。診断を受け入れるには、確かで信頼できる情報と保護者と家族の思いを受け止めるサポートが必要です。

他機関との連携はいろいろな応援団づくり

　保護者も保育者もその子の育ちをともに支える関係を大事にしつつ、もしその過程で支え方が見つからない、十分に支援できてはいないと思うときに「他機関との連携」を視野に入れるとよいかと思います。連携を図るときは、その子をさらに後押ししてくれる「応援団」を増やすという気持ちで進めましょう。どの機関といっしょにその子を応援していくとその子や家族がより充実した生活を送ることができるのかを検討しながら進めましょう。
（広瀬由紀・太田俊己）

（15）療育センターとの連携

　障害のある乳幼児の発達援助と子育て支援を、福祉の立場からおこなう、通所型のセンターが多くの各市町村にあります。児童発達支援センター、○○療育センター、発達相談センター、○○園などと呼ばれたりします。厳密には、対象の障害・程度、受け入れ規模や役割に違いがあります。しかし共通する役割は、2歳までの乳児期から受け入れ、子どもへの発達援助もおこない、同時に保護者や家庭への相談支援、つまり養育・子育て支援を担う点です。福祉分野のセンターなので、教育機関である幼稚園を、同じ子が併行して利用したりもします。そこで、ここでの連携は、幼稚園に通う子の療育センターなどとの連携、保育所に通う子がセンターの訪問指導を受けておこなう場合の連携をいうことになります。

幼稚園とセンターの連携

　幼稚園は遊びを通して幼児期の教育や生活の充実、仲間関係などの育ちを「集団」的に実現します。療育センターは、障害乳幼児の発達支援などを「個」に力点を置いて図ります。この両者の役割は違いますので、障害のある子に抱く課題や期待も同じとは限りません。そこで両者の連携が、子どもと家庭のために必要になります。

　連携する上では、保護者の同席・同意のもとで、幼稚園は、その子の今の保育上の課題、発揮できているよさ、これからの保育での留意点などを示します。一方、療育センターからは、センターで把握するその子の障害に起因する困難性（困りやすいこと）、のびゆく可能性のある側面・よさ、就学や将来に向けての意見などを示すことにより、互いが役割を確認することができ、協力体制の基礎ができます。

　幼稚園としては、障害から起こる困難性は理解しにくいかもしれません。また、障害のない子どもたちとの関係のなかで、その子が見せる姿や成長については、センター側が、把握しにくいことにもなります。互いの特長と限界を了解し、互いを理解しやすくする簡単な個別の支援計画をつくりながら、補い合って力を合わせるよい関係を早い時期からつくることが大切です。

保育所とセンターの連携

　保育所は子どもの生活を文字通り支え、家庭を支援します。遊びや仲間関係づくりも幼稚園と同じく重視しますし、より早期から生活習慣の育成も図ります。この保育所とセンターとがよい連携をするには、幼稚園の場合と同じように、互いの特長と違いを了解することが基本です。

　保育所は子どもの生活と集団での育ちを重視します。生活や集団の場でのつまずきがあれば、その解消の手立てをセンターの知恵も借りて実践したいものです。センターは、保育場面で抱えるその子の保育の課題に応えられるよう努力すべきですが、センターが把握する障害のある子の姿や力は、個別場面などでのものですから、必ずしも保育所や家庭と同じではありません。違いには十分留意すべきです。

　これを踏まえないで、センターでの観点を、直接、保育所や幼稚園に導入する失敗例を耳にします。センターは、保育の集団の場でその子が発揮しているよさや力、生活的な力、集団での姿や力の出し方をきちんと評価やアセスメントに盛り込み、今後に生かすべきでしょう。

　療育センターは比較的早期から、家庭ぐるみの支援をします。保護者や家族同士の結びつきもでき、保護者の間での仲間支援（ピアサポート）もできていきます。こうしたセンターから生まれた保護者・家族同士の支え合いが、それぞれの子どもの幼稚園生活、保育所生活を支えていくことがあります。センターだからできる家庭支援、家族支援の効果です。このような家族間のネットワークについて幼稚園・保育所も了解し、力を借りて、よりよいその子への保育をつくっていきましょう。　　　　　　（柴崎正行・太田俊己）

（16）入園前に大切なこと

　入園が決まってから入園を迎えるまでの間は、園と家庭の双方にとって準備期間となります。その間、子ども本人や保護者と面談や打ち合わせをする機会があるかもしれません。保育者が、直接顔を合わせて、その子に関する情報を得ることはとても大切だと思います。

　入園後の保育にとって出生前後からの「生育歴」「家庭での遊びや生活の様子」などの情報が重要です。その子の「可能なこと」「むずかしいこと」の情報は、園生活をともに過ごすなかで、自然と保育者のなかで積み重なっていきます。確認しつつ、どう支援すると生活しやすいか、取り組みやすくなるかを考えていきます。

　入園は、子どもにとって、家庭や保護者から離れて生活することです。保護者から離れる不安や寂しさをもちながらも、それを上回るくらい「やってみたい」「楽しい」「おもしろい」と感じられる園生活が肝心です。それを「遊び」で実現することが、幼稚園や保育所では求められます。障害のある子にもそれは同様です。「どのようなこと・も

のに興味関心があるのか」「楽しいときに見せる表情は」など、園での「楽しさ」「興味」「遊び」につながるその子の情報を日々の打ち合わせなどから交換します。

　子どもにとっても、園の環境を知り、保育者を知ることはとても重要です。本人が園に来た際には、可能な限り自由に遊んでもらうとよいでしょう。「ここは楽しそう」という印象がつくられます。必要ならば遊んでいる様子、遊具などを保育者に写真に撮ってもらい、入園までの間、くり返し家で写真を眺めたり、園を話題にしたりできれば、入園への期待も高まり、不安も軽くなります。

入園後を考え環境を見直してみる

　その子の情報が少しずつ蓄積されていくなかで、迎え入れる園の環境を「その子らしさが発揮できるか」という視点で見直ししていくとよいでしょう。

　2014年、日本は「障害者の権利に関する条約」を批准しました。この条約では、障害に基づくあらゆる差別を禁止しています。ここでいう「差別」とは、障害を理由に何かを拒否したり否定したりといった直接的なものだけではなく、障害のある人が必要としている配慮（専門用語では「合理的配慮」といわれます）を怠ることも差別に含まれます。

　園生活に置き換えて考えてみましょう。たとえば、「見分ける」ことが苦手な子どもに、くつ箱の位置を「例年通りの名前順」で決めてしまったとします。その結果、見分けのつきにくい真んなかになったため、いつもくつ箱がわからない。つまり、その子の力が発揮できない状況にする失敗例などが考えられます。この場合、見分けやすい角の位置をこの子のくつ箱にすれば、位置がわかり自分でくつの出し入れができます。自分らしく園生活を送りやすくなります。

　くつ箱やタオルかけなどの場所の検討以外にも、園生活の流れから動線を振り返り、室内環境全体を動きやすく、わかりやすいよう再検討し、保育環境を整えていきます。その子の入園後の生活を、環境の面からも保育者も楽しみに想像してみるとよいでしょう。

障害かはっきりしない子ども・「気になる子」の場合には？

　障害の認定を受けて障害がはっきりしているケースでは、園や家庭もお互いに準備ができます。しかし、障害かどうかはっきりしない子や「気になる子」では、入園後のクラスやグループのあり方、だれが担当者かについて気にかけていくことなります。事前に保護者とも面談し、家庭での様子をよく聞いておくとよいでしょう。もちろん、そうした「気になる子」のケースだけではなく、入園者全員への事前面談をすれば、その気になるケースの面談もできることになります。

　家での様子を聞き、家庭での養育に困難があるか推測し、その結果、しっかり育って

いるようなら心配はなくなります。困っていることがあれば、アドバイスできることがないか対応策を検討します。

　家でよくおこなっていること、好きなこと、苦手なことなどを把握できれば、入園後の保育にすぐ役立つその子のための生きた情報になります。どの保護者もわが子はとくにかわいいものです。障害かどうかはさておいて、養育への敬意とかわいいその子への共感をもとに、誠実で親身な相談を重ねることができれば、信頼の関係が次第に築けていくと思います。
（太田俊己・広瀬由紀）

（17）担任がすること・園がすること

　担任の保育者は、クラスの仲間づくりにとても重要な役割を果たすことは言うまでもありません。保護者がその子をどのように捉え、それを周囲の子へどう発信しているかは、子どもたちに大きな影響を与えます。障害があったり、その可能性がある子に、担任の保育者が肯定的な見方を示し、誠実に、公平に対応すれば、子どもたち全体にその見方は広がっていきます。

　たとえば、保育者がその子と楽しそうに遊べば、その雰囲気が波及して「わたしもいっしょに遊びたい」という欲求になって現れます。障害のある子を、「○○ができない」子としてみるのではなく、「どうしたらできるのか」「その子の魅力は」などに着目した肯定的なかかわりを心がけて、日々の保育で継続していくこと、またその子を含むよい仲間を育てることがクラス運営では大切なポイントです。

担任はその子の情報をコーディネートする役割

　担任の保育者のもとには、その子のかわいらしさや意外な一面など、その子に関する情報がたくさん集まってきます。その情報を会議の場などのフォーマルな場だけではなく、休憩時間などふだんの場面でも、担任の保育者はその子について大いに発信していってほしいと思います。

　発信の方法は、ふだんの何気ない会話、引き継ぎなどで使われているノート、付箋にメモを残すなど、何でもありです。保育に携わっているより多くの人が、その子に関心をもち、その子にも担任の保育者にも、居心地のよい環境を園のなかに整えることが大切です。その快適な環境をコーディネートすることが、担任の保育者の役割となります。逆に、子どもとどのようにかかわればよいか悩んでいるという保育者がいるかもしれません。その場合でも、担任の保育者が発信源になるよう、同僚や先輩方からの意見や経験を集めながら、それらの情報をもとに保育を見直すなどして自分なりの保育を組み立てていくことができると思います。

　また、保護者に対しても、話しやすい関係を築き、必要不要を問わずその家庭に関する情報を得て整理していくことが必要です。しかし、関係が築きにくかったり、情報が

得にくかったりする場合もあります。その保護者との現状、現状に至った要因などを周囲に伝え、共有し、園全体で考えることがよいきっかけになることもあります。

園は「担任の保育者『だけ』の子」にしない

　担任の保育者はその子や家庭に関する情報をコーディネートする役割をもちますが、担任を孤立させないことが、園の大事な役割です。たとえば、クラスのなかではその子の落ち着ける場がないと担任が困っているときに、園として事務室なども使ってよいことにすれば担任の孤立感は減ることでしょう。

　また、担任の表情を汲み、先輩保育者や同僚が話のしやすい状況を意図的につくったり、園長などが直接声をかけたりすることで、園全体でその子を育てているのだという気持ちが担任にもきっと伝わります。また、園で育てた子を、確実につぎの機関へ引き継ぐことも、園の重要な役割となります。　　　　　　　　　　　　（広瀬由紀）

（18）障害の伝え方

　障害のある子を担当する保育者は、子どもやほかの保護者にどう伝えたらいいのだろうと、悩まれたことがあるかもしれません。障害のある子のことをどう伝えるかについては、基本的にその子の保護者と相談しながら考えたいと思います。その子がどのような障害か、その子とクラスの子の関係、保護者の考え方など、状況によって障害のある子のことをどう伝えるかは（あえて伝えないことも含めて）違ってくるからです。

　ダウン症の子のように、周囲が気づきやすい障害の場合には、ほかの保護者にあえて伝える必要はないかもしれません。子どもたちや保護者にその子の障害のことを聞かれたときに、障害名を伝えるのか、障害像をどう話すのか、どういう対応をしてほしいと伝えたらよいかなど、障害のある子の保護者とできる限り相談しておくとよいでしょう。

子どもたちに障害を伝える際には

　障害のある子の障害の様子を伝えるとき、先回りして伝えるよりも、子どもたち同士がある程度かかわりをもってから伝えるほうがよいように思います。まずはいっしょに生活し、その子のことを知った上で、「その子はどんなときに、どういうことがむずかしく困ってしまうのか、そういうときにどうしたらよいのか」を具体的に子どもたちに話すほうが、子どもたちにとってわかりやすいからです。

保護者同士がわかり合う機会をつくる

　クラスのほかの保護者については、まず保護者同士がお互いの子どものことを「わか

り合う機会」が必要です。障害のある子の保護者だけが、自分の子どものことを話すのではなく、それぞれの保護者が自分の子どものよいところ、子育てで困っていることを話す機会があり、そのなかで、障害のある子のことを話す機会についてももてるとよいと思うのです。

　障害のある子の保護者だけが、自分の子どものことを説明し、理解を求めるというのではなく、保護者同士が、それぞれの子どもの成長を喜び合い、子育ての苦労を分かち合えるような関係を築くことで、子ども同士でトラブルになったときにも、話し合う糸口ができるのではないでしょうか。また、このような保護者同士の関係は、子どもに障害はないものの子育てに悩みをもつ保護者にとっても気持ちが楽になる機会になると思います。

援助の必要なことだけを話さない

　障害のある子について、子どもやほかの保護者に話をするときには、ついつい障害のある子が援助の必要なことに焦点を当てて話してしまいがちです。しかし、それだけではなく、障害のある子が、できること、できるようになったこと、どんなことが好きで、今どんなことを楽しんでいるのかも、子どもたちに伝えてほしいと思います。

　それは、障害のある子にだけではなく、ほかの子に対しても同様です。苦手なことだけでなく、よいところや、成長したところをクラスの子ども同士が互いに知り合うことで、子どもたちは、だれにも好きなこと、苦手なことがあるということを理解します。そして、以前にできなかったことができるようになったときにはお互いに「やったね！」と喜び合い、失敗してしまったときには「しょうがないよ」「大丈夫だよ」と声をかけ合う、そんな関係をつくっていきたいと思います。

障害のある子もクラスの仲間

　障害のある子のことをクラスの子どもたちやほかの保護者に伝える上で一番大事なことは、障害のある子も、クラスにとってかけがえのない「仲間」だという大きなメッセージを伝えるということです。保育者の何気ない表情や行動、言葉から、子どもたちは、お世話が必要な子なのか、手のかかる子なのか、仲間なのか、を敏感に感じ取ります。

　このような大きなメッセージは、言葉で伝えられるものではなく、日々の保育で積み重ねられ、保育者の表情、行動、言葉から子どもたち、保護者たちが自然に感じ取るものです。だからこそ、すぐに伝わるものではありませんが、一度伝わると、子どもたちは、そのメッセージを受け止め、保育者のいない場面でも、自然と子ども同士で「仲間として」行動することができるようになっていきます。　　　　　　　　　　　　　　　　（相磯友子）

（19）学校・教育委員会との連携

　近年、障害のある子どもについて、小学校等への入学に関する制度（就学制度）が変わりました。それまでの主として障害の種類や程度によって考えられていた就学先（特別支援学校・特別支援学級・通常の学級など）が、その子の「教育ニーズ」を総合的に判断して考えるものに変わったのです。具体的には、各市町村の教育委員会やその学区に応じて、実際の就学支援のあり方がつくられつつあるので、各地で、またケースによって実状はさまざまですが、共通することも多くあります。

地域での保幼小の連携

　地域での連携の積み重ねで、保育所・幼稚園・小学校との間で連携（保幼小の連携）ができていればよいのですが、そうでない場合には、地区の家族・子育て支援、そして行事や親睦などで保幼少の協力する関係を築いていければ、就学にもよい影響が出ると思います。まずは、定期的な行事をいっしょに運営したり、互いの保育や授業を見合う機会を設けたり、親睦を図ることをベースに連携を図ることがよさそうです。

障害がはっきりしている子の就学での連携

　早ければ5、6月から就学についての動きがはじまります。障害が認定されている場合は、具体的な教育の場と教育内容が市町村教育委員会との調整事項になります。教育委員会や教育センター担当者が仲立ちし、小学校の就学担当者（特別支援教育コーディネーターや相談担当）が園のほうに連絡してきたりします。

　可能な限り、幼稚園・保育所も担任や主任・園長などで就学への支援体制を組み、その子によい就学先と教育内容について保護者と事前相談します。園での育ちと支援の方策を確認し、小学校などで必要な支援や望まれる教育を検討します。保護者からの希望も聞き、支援方策を話し合います。現在の子どもの様子と学校や地域の実状も、現実的に考えるべきです。

　教育委員会や小学校担当者との調整前に、保護者と園側との間で就学に向けた構想や予想を具体化できるとよいと思います。ある程度の方針とその根拠（中身）がないと連携にもなりにくいのです。学校と教育委員会は、保護者と園の考えを知り、家庭と園での子どもの様子を知るところから、教育の対応を考えていくとよいと思います。

　就学のための連携は、個々に最適な具体的な教育条件を明確にできれば成功です。学校で工面し、工夫できる条件、また教育委員会が配慮し、学校や学級のためにできる条件整備やすべき条件整備があります。時間と回数をかけ、その子の最適な教育に向け具体的条件を明確にして、それを実現できる連携ができれば理想的です。

障害がはっきりしない子の場合にどうするか

　障害とは判定できないが、保育上の支援が必要なケースが、就学の際の連携では大きな課題になります。保護者も障害としての扱いや支援の必要を認めないかもしれません。保育者も障害について断定できません。

　障害かどうかは別にして、その子がよりよい保育を受けるために必要だった支援の中身や方法は、基本的に園として明確に説明したほうがよいと思います。それまでの保育の積み重ねで、保護者との信頼関係があれば、「障害」を話題や問題にすることなく、具体的に必要だった支援のレベルで話を進めていけるのではないかと思います。その子の小学校での活躍を願い、園の保育での成果と課題を小学校に伝えていくことについて了解をとってみましょう。その子が生活する上で、そのことに留意し、支援するととてもよいということはあったはずです。それについては小学校でも受け継がれていくべきです。このことを保護者にも理解してもらい、小学校にも伝えます。その子の教育のための支援という真意が伝わること、保護者との信頼関係、また小学校との連携関係がここでの基盤です。障害の有無を問わず、その子の教育ニーズと支援方法の伝達は本来だれにでも必要なことなのです。

個人情報の取り扱い

　保幼小の連携には、個人情報が必ずかかわります。本人と保護者の了解と同意を経て、個人情報は用いられるべきであることは言うまでもありません。個別の支援計画など、支援のために関係者が連携し、その子のための協力体制をつくる場合も、本人・保護者を中心に、「ともにつくる」ことを原則にします。これにより、自然と個人情報も慎重に扱われるはずです。

（太田俊己）

あとがき

　2014年1月に障害者の権利に関する条約がわが国でも批准され、これからますます「共生社会」に向けて、わたしたちが、そして社会が、動いていかねばなりません。

　一方、すでに保育現場は多様な子どもたちが共生し集う場になっています。このつぎの社会の担い手がどのように育まれるかは、幼児期に子どもたちが何を経験し、他者にどのようにかかわり、思いを抱いたのかが強く関連するでしょう。保育現場においては、保育者が子どもにどのように働きかけたかが、子どもたちの成長に大きな影響を及ぼします。「今いる子どもたちにどのように向き合うか」「その子を含めたクラスをどのように進めるか」などの問題に対処するために、本書に登場する子どもたちの生き生きとした姿が大きなヒントを与えてくれているのではないかと思います。

　この本が、子ども一人ひとりの違いを踏まえながらともに過ごし学び合うことの大切さ、そのための細やかな子どもの見取りや配慮について、考えるきっかけとなれば大変うれしく思います。

　ご協力いただいたすべての方々に感謝申しあげますとともに、手に取られた先生方が明日からの保育をより楽しみに感じられる一助となれば幸いです。

2016 年

高倉誠一・広瀬由紀・相磯友子

■監修

柴崎正行（しばざき・まさゆき）

東京家政大学子ども学部教授。
筑波大学大学院博士課程単位取得満期退学。教育学修士。筑波大学文部技官、淑徳大学講師、文部省初等中等教育局幼稚園課教科調査官、東京家政大学家政学部助教授、大妻女子大学教授を経て現職。幼児教育史をはじめ保育臨床相談、幼稚園・保育園の実践研究、子育て支援、配慮を必要とする子どもの保育などの研究を精力的に進めている。

〈主な近著〉
『障がい児保育の基礎』編著、わかば社、2014
『新幼稚園教育要領・新保育所保育指針のすべて』編著、ミネルヴァ書房、2009
『改訂版　幼稚園わかりやすい指導計画作成のすべて』編著、フレーベル館、2010

太田俊己（おおた・としき）

関東学院大学教育学部教授。
早稲田大学卒業。知的障害児施設に勤務後、筑波大学大学院で心身障害学を学ぶ。国立特殊教育総合研究所、千葉大学、植草学園大学を経て現職。障害のある子が多く在籍する葛飾こどもの園幼稚園にアドバイザー役で長くかかわる。神奈川県幼稚園協会、千葉県教育委員会、千葉市幼稚園協会、千葉市、習志野市などで障害のある子の保育講座の講師、審議会委員を歴任。文部科学省特別支援学校学習指導要領改訂の協力委員を2期勤める。

〈主な近著〉
『知的障害教育総論』編著、放送大学教育振興会、2015
『インクルーシブ保育っていいね──一人ひとりが大切にされる保育をめざして』編著、福村出版、2013

■編著

高倉誠一（たかくら・せいいち）

明治学院大学社会学部准教授。
千葉大学大学院教育学研究科修了。都内の知的障害者施設に勤務後、植草学園短期大学を経て現職。
主に知的障害教育・福祉の分野で、「どの子・どの人も自分を発揮し，活躍できる状況づくり」をテーマに取り組んでいる。全日本特別支援教育研究連盟理事、日本発達障害学会評議員。

広瀬由紀（ひろせ・ゆき）

植草学園大学発達教育学部准教授。
千葉大学大学院教育学研究科修了後、発達支援センターで障害のある子どもへの療育に携わる。その後、植草学園短期大学講師を経て現職。千葉市やNPO法人の障害児保育研修などの講師を勤める。千葉市内の保育所や東京の幼稚園を主なフィールドに、多様な子どもを含めたインクルーシブな保育のあり方や具体的な方法などについて研究を進めている。

相磯友子（あいそ・ともこ）

植草学園短期大学福祉学科准教授。
千葉大学大学院教育学研究科修了。東京学芸大学大学院連合学校教育学研究科修了。教育学博士。東洋学園大学非常勤講師を経て、2008 年より講師、2015 年より現職。専門領域は子ども・青年の異文化間心理。障害のある子どもや外国をルーツにもつ子どもを含むクラスづくりの研究を進めている。

各園からの実践報告・保育者

■葛飾こどもの園幼稚園

松井洋子
飯野由佳＊
大竹貴子＊
宮本真吾
片山みのり
大石歩美＊
岡澤　元
安東喜子
加藤美世子
小出　馨
小林さゆり
鶴巻直子

■植草学園大学附属弁天幼稚園

塚原あゆみ
小林亜紀子
石川明子
鈴木朱美

■植草学園大学附属美浜幼稚園

池田里香
堀切裕子
鈴木香菜
小笠原晴代

■千葉市愛隣幼稚園

矢内球一
鈴木仁美
吉田麻友
宮越清香
地引優子

■みつわ台保育園

髙橋沙知
來住るみ子

■千葉市弁天保育所

尾堂真実
小副川好香
植草恵子（主任）＊
小野高照代（所長）＊

■千葉市宮野木保育所

古宮章江＊
瀬戸悦代
高田敬子
濱野佑子＊
相原和枝＊
安田ゆりか
松崎（三室）和希子＊
中島龍兵
中嶋弘美（主任）＊
五藤里子（所長）＊

■千葉市役所

喜多見清美＊＊

＊＊：現在の所属は異なります
＊：旧職員

イラスト：らせんゆむ
装幀：守谷義明＋六月舎
組版：酒井広美

イラストでわかる はじめてのインクルーシブ保育
——保育場面で考える50のアイデア

2016年5月20日　第1刷発行

監　修　　柴崎正行＋太田俊己
編　著　　高倉誠一＋広瀬由紀＋相磯友子
発行者　　上野良治
発行所　　合同出版株式会社
　　　　　東京都千代田区神田神保町1-44
　　　　　郵便番号　　101-0051
　　　　　電話　　　　03（3294）3506
　　　　　FAX　　　　03（3294）3509
　　　　　振替　　　　00180-9-65422
　　　　　ホームページ　http：//www.godo-shuppan.co.jp/
印刷・製本　株式会社シナノ